HBaumgart

Sagenhafter Harz

Horst Baumgart

Sagenhafter Harz

Die schönsten Geschichten rund um Ritter, Kaiser und Burgfräulein

SUTTON GESCHICHTE

Europäische Helme des Mittelalters (von links): Kübelhelm mit Helmzier, Kübelhelm, Topfhelm, Visierhelm mit Helmzier.

Bildnachweis
Titelbild: shutterstock/Bildagentur Zoonar GmbH
Alle anderen Abbildungen fertigte der Autor an.

Einband vorn: Schloss Wernigerode im Harz.
Vorsatz: Harzgerode gehörte 994 dem gleichnamigen Kloster, einem Tochterkloster des Klosters Nienburg. Im 13. Jahrhundert kam es zur Herrschaft der Fürsten von Anhalt, die Vögte des Nienburger Klosters waren. Sie bauten zum Schutz ihres Besitzes eine Burganlage. 1326 ist die Stadtburg urkundlich erwähnt als „Slot tho Harzgerode". Um 1540 wurde die in die Stadtmauer eingebundene Burganlage von Grund auf erneuert; Bergfried: 12 m hoch, 9 m Durchmesser, 2,5 m Mauerstärke. Der Turm hat drei Stockwerke. Im 16. Jahrhundert wurde Silber abgebaut, 1694 ein Bergamt eingerichtet und 1854 wieder aufgelöst.
Seite IV: Errichtete der Teufel die Teufelsmauer in Blankenburg?
Seite 2: Minnesänger Christian Lupin.
Nachsatz: Standorte der im Buch beschriebenen Burgen.
Einband hinten: Regensteiner Ritter überfallen einen Kaufmannszug (s. S. 14).

Impressum
Sutton Verlag GmbH
Arnstädter Straße 8
99096 Erfurt
www.suttonverlag.de

ISBN: 978-3-95400-794-3

2. Auflage, 2021
Druck: Florjančič Tisk d.o.o. / Slowenien
Gestaltung und Herstellung: Sutton Verlag

Inhaltsverzeichnis

Vorwort 7

Harzer Burgen 11

Der Harz 12

Die Fehden der Regensteiner gegen die Stadt Quedlinburg und der Raubgrafenkasten 13

Die Kaiserpfalz Goslar 19

Die große Harzburg 22

Räuberische Burgbesatzungen 27

Der Weg deutscher Kaiser und Könige des Mittelalters durch den Harz 30

Die Heimburg 31

Der Landfriedensbrecher Graf Dietrich von Wernigerode 34

Burg und Festung Regenstein 36

Burg Ballenstedt 42

Die Konradsburg 47

Burg Falkenstein am Harz 52

Burg Arnstein 57

Burg Stiege 58

Die Heinrichsburg im Unterharz 60

Die Erichsburg 62
Die Staufenburg bei Gittelde 64
Die Geschichte der Burg Scharzfels 68
Kloster Pöhlde 73
Burg Hohnstein 74
Raubnest Schnabelburg bei Nordhausen 78

Kyffhäuser-Burgen 87
Der Kyffhäuser 88
Die Königspfalz Tilleda 89
Burg Kyffhausen 93
Die Rothenburg 99
Die Falkenburg am Kyffhäuser 103
Die Burg Kelbra 106
Der Hausmannsturm hoch über Bad Frankenhausen 108

Die Reichsinsignien des
Heiligen Römischen Reiches Deutscher Nation 112
Könige und Kaiser von Heinrich I. bis Karl V. 115

Vorwort

Wer kennt ihn nicht, den Harz mit seiner urwüchsigen Landschaft und reichen Tier- und Pflanzenwelt, schon mannigfach durchwandert von Malern, Dichtern und Schriftstellern, die sich an den einzigartigen Eindrücken berauschten? Zu ihnen zählten Johann Wolfgang von Goethe, Heinrich Heine, Joseph Freiherr von Eichendorf, Friedrich Rückert, Stephan Zweig, Otto Erich Hartleben, Hans Christian Andersen, Ludwig Uhland u.v.m. Sie verfassten Gedichte, Reisebeschreibungen und Sagengeschichten, erzählten von Riesen, Zwergen, Kobolden, Irrlichtern, Hexen, Teufeln und Berggeistern.

Zu den landschaftlich schönsten und beeindruckendsten Teilen des Harzes gehört zweifellos das wildromantische Bodetal. Wer es durchstreift, bestaunt die gewaltigen, zerklüfteten Felswände, die auf beiden Seiten der Bode himmelhoch emporsteigen und den Wanderer als klein und unscheinbar erscheinen lassen. Zu manchen Jahreszeiten durchströmt die Bode schäumend und tosend die tiefe Felsenschlucht. Man bewundert die unzähligen, aus

Hexe und Teufel auf dem Hexentanzplatz.

unscheinbaren Samen entstandenen Bäumchen, die sich mit ihren Wurzeln in die nackten, steil aufragenden Felswände krallen, um zu überleben.

Kommt man zum Hexentanzplatz oder zur Roßtrappe, kann man in die schaurig-schöne Tiefe des Bodetales hinabschauen. Auch der Brocken, sagenumwobener Bergriese und höchste Erhebung des Harzes, regte schon in alter Zeit die Fantasie an. Selbst den deutschen Dichterfürsten Goethe hat der Brocken zu einem seiner bekanntesten Werke inspiriert. Zahllose andere bizarre Felsentürme und Klüfte, die die Fantasie beflügeln, durchziehen den Harz. Steht man vor der gewaltigen, langgestreckten Teufelsmauer in Blankenburg mit ihren übereinander geschichteten mächtigen Sandsteinblöcken, könnte man selbst an die alte Sage glauben, dass nur der Teufel oder ein Riese dieses einzigartige Naturdenkmal aufgetürmt haben könnte.

Bemerkenswert sind die kleineren und größeren Höhlen des Harzgebietes wie die Einhornhöhle und die Baumannshöhle, die durch natürliche Ausspülungen und Auslaugungen entstanden sind, und Knochenfundstätten von prähistorischen Tieren wie dem Höhlenbären sowie Reste menschlicher Werkzeuge. Menschen suchten in den Höhlen Unterkunft und Schutz. Teilweise noch aus dem Mittelalter stammende Bergwerksstollen, die mühsam mit Hammer und Schlägel in die Berge getrieben worden sind, faszinieren viele Besucher. Manche Stollen waren hunderte von Metern lang, wie der Stollen bei Neudorf mit 1.200 m oder der 1.600 m lange Katharinenstollen nahe Alexisbad. Zahllose Baumstämme waren nötig, um als Grubenhölzer die Stollen abstützen zu können; ganze Wälder wurden abgeholzt, um in Meilern Holzkohle herzustellen, die für die Schmelzöfen gebraucht wurde. Aus den Schächten förderte man silberhaltigen Bleiglanz, Kupferkies, Zinkblende, Schwefelkies, Flussspat und Roteisenstein zutage.

Eindrucksvoll künden auch verstreut im gesamten Harzraum zu findende Ruinen einstiger Reichs- und Zwingburgen von vergangenen Tagen. Erste Hinweise einer Besiedelung der Unterharzer Hochfläche durch Schnur- und Bandkeramiker gehen fast 5.000 Jahre zurück. Eine zweite Besiedlung erfolgte zwischen 900 und 1200, als massive Rodungen der Wälder Platz für Siedlungen, Weiden und bescheidene Ackerflächen schufen. Zu dieser Zeit entstanden überall im und um den Harz Pfalzen, Klöster und Burganlagen. Es war die Zeit der Harzgrafen. Sie bauten ihre Burgen nahe an wichtigen Wegen und Wegekreuzungen. Könige und Kaiser gaben ihnen als Vasallen große Teile des Harzes zum Lehen. Diese Feudalherren waren untereinander in jahrhundertelange Fehden und Kämpfe verwickelt, um ihre Territorien und Einflüsse zu erweitern. Darunter litten besonders die niederen Schichten, wie bspw. die Bauern. Die Zersplitterung der Harzregion in viele kleine Herrschaften machte auch Händlern und Kaufleuten zu schaffen, die an den zahllosen Grenzstellen Wegegelder und Zölle entrichten mussten oder von Raubrittern und Wegelagerern überfallen und ausgeraubt wurden. Die Bevölkerung des Harzes war im Mittelalter sehr arm. Die Menschen hatten bescheidene Einkünfte, die kaum zum

Burg und Schloss Wernigerode.

Leben reichten. Sie betrieben Waldwirtschaft, Bergbau, Köhlerei und Fuhrmannsdienste, Pechsiederei und betätigten sich als Harzscharrer. Harzgerode war jahrhundertelang die Zentrale des Unterharzer Bergbaus. Den reichen Wildbestand des Harzes nutzte der Adel zu großen Treibjagden, woraus einige schöne Sagen hervorgingen.

All die im Buch beschriebenen Orte, Burgen und Naturschönheiten des Harzes hat der Autor mit seinem Sohn Alexander selbst besucht. Mögen der Besuch dieser Orte sowie das Lesen und Durchstöbern dieses Büchleins Ihnen, liebe Leser, viel Freude bereiten.

Horst Baumgart
Wandersleben, im Januar 2017

Die Burg Questenberg, zwischen 1200 und 1250 von den Grafen von Beichlingen auf einem Kalkfelsen über dem Ort Questenberg errichtet und urkundlich erstmals 1275 genannt, diente dem Schutz der unter der Burg entlang führenden Straße. Nach dem Aussterben der Grafen von Beichlingen kamen die Burganlage und der unweit gelegene Ort Roßla im Jahre 1400 an den Grafen von Stolberg und Hohnstein, Botho VI., dem auch die Grafschaft Wernigerode durch Erbschaft zugefallen war. In der zweiten Hälfte des 17. Jahrhunderts war die Burg nicht mehr bewohnt und verfiel allmählich. Später wurde die Ruine als Steinbruch genutzt. Heute sind noch einige Ruinenreste vorhanden, z.B. der Sockel des runden Bergfrieds (Durchmesser: 8,8 m, Mauerstärke: ca. 2 m), ein Kammertor und Kellergewölbe.

Harzer Burgen

Der Harz

Der Harz ist das nördlichste Gebirge Deutschlands und galt einst als düsteres und unüberwindbares Gebirge. Es hat eine Länge von 90 und eine Breite von 30 km. Die höchste Erhebung ist der Brocken mit einer Höhe von 1.142 m. In alter Zeit durchquerte nur ein einziger Weg den Harz. Er führte von Wernigerode bis nach Nordhausen. Später entstand ein Netz von Wegen, die von einer Reihe von Schutzburgen gesäumt waren. Könige und Kaiser errichteten im Harz und im Harzvorland eine ganze Kette von Pfalzen, wie Werla, Quedlinburg, Tilleda, Wallhausen und Allstedt sowie die befestigten Jagdhöfe Bodefeld bei Königshütte, Erdfelde bei Elbingrode, Hasselfelde, Siptenfelde und Pansfelde. Im Mittelalter beherrschten die Grafen von Regenstein, Hohnstein, Stolberg, Mansfeld und Schwarzburg den Harz. Die Harzgrafen nahmen am jährlich dreimal stattfindenden Thüringer Landgericht in Mittelhausen bei Erfurt teil, bei dem der Thüringer Landgraf den Vorsitz hatte. Später gehörte der Harz zu den Herzogtümern Anhalt und Braunschweig und den Königreichen Hannover und Preußen. Nach der deutschen Teilung durchschnitt die innerdeutsche Grenze 40 Jahre lang den Harz. Heute erstreckt sich der Harz über die drei Bundesländer Niedersachsen, Sachsen-Anhalt und Thüringen.

Der Harz ist reich an Sagen und Legenden. Am bekanntesten ist der sagenumwobene Brocken, der höchste Berg des Harzes. Hier fliegen der Sage nach jedes Jahr in der Walpurgisnacht die Hexen des Harzgebietes auf Ziegenböcken und Reisigbesen hinauf zum Blocksberg, wo sie der Teufel mit seinem Pferdefuß zu einer wilden Feier erwartet. Bekannt war im Mittelalter auch die Harzer Hexensalbe aus giftigen Pflanzen, zu denen beispielsweise das Bilsenkraut und der Stechapfel gehörten. Angefertigt wurde sie von Kräuterweibern, die sie heimlich, weil streng verboten, an Frauen aus allen Bevölkerungsschichten verkauften. Die Frauen rieben sich mit diesen Mitteln an einer ganz bestimmten Körperstelle ein, um in der Nacht wilde Träume zu erleben. Viele Sagen berichten auch von den Venezianern, die im Harz und im Thüringer Wald nach Edelsteinen, wertvollen Mineralien, Erzen, Silber und Gold suchten. Sie sollen ihre Schätze mit in die Heimat genommen haben und dort unsagbar reich geworden sein. Auch zahlreiche Sagen von Berggeistern, die den Menschen Gutes oder auch Böses taten, sind aus den ehemaligen Bergbauorten überliefert.

Die Fehden der Regensteiner gegen die Stadt Quedlinburg und der Raubgrafenkasten

Quedlinburg ist benannt nach der hoch über der Stadt auf einem freistehenden Sandsteinsockel thronenden und weithin sichtbaren Burg, die der erste deutsche König, Heinrich I. (um 875–936), aus der alten „Quitilingaburg" zur Reichsburg und Pfalz hatte um- und ausbauen lassen. Es war die Lieblingspfalz König Heinrichs und die Metropole des Reiches. In der Krypta der Stiftskirche St. Servatius liegen König Heinrich I. und seine Gemahlin Mathilde begraben. Königin Mathilde gründete ab 936 auf dem Burgberg ein Reichsstift für Damen. Quedlinburg hat sich am Schnittpunkt wichtiger Heer- und Handelsstraßen aus drei Stadtteilen entwickelt, die von einer 1179

Die Quedlinburg hoch oben auf dem Sandsteinfelsen.

Regensteiner Raubritter überfallen einen Kaufmannszug. Großes Gemälde in der ehemaligen Panoramagaststätte Regenstein.

genannten, gemeinsamen Stadtmauer umschlossen waren. Die entstandene Neustadt war noch gesondert ummauert und kam 1327 unter die Verwaltung der Altstadt. Bis 1207 fanden in Quedlinburg 69 Zusammenkünfte von 16 deutschen Königen und Kaisern statt. Wie auch andere Städte des Mittelalters sah sich Quedlinburg von den Adelsherren der Umgegend bedrängt und bedroht.

Ab 1273 wurden die Grafen von Regenstein mit dem Amt der Schutzvögte und Gerichtsbarkeit über das Stift Quedlinburg belehnt. Seit dieser Zeit drangsalierten sie, wie schon ihre Vorgänger, die Bürger Quedlinburgs, wenn sie aus der oder in die Stadt wollten, sie raubten sie aus oder misshandelten sie. Solcherlei Übergriffe mussten auch die Landsleute der Stiftsdörfer rund um Quedlinburg über sich ergehen lassen. Um diesen

Der Raubgrafenkasten von Quedlinburg.

Untaten entgegenzuwirken, schlossen die Quedlinburger im Jahre 1326 ein Bündnis mit den Städten Halberstadt und Aschersleben und erwirkten 1384 eine Mitgliedschaft beim niedersächsischen Städtebund, um bei größeren Übergriffen des Adels gegen ihre Stadt Hilfe anfordern zu können. Die Grafen von Regenstein gehörten zu Beginn des 14. Jahrhunderts zu den mächtigsten und einflussreichsten Adelsherren des Harzgebietes. Das Geschlecht spaltete sich in drei Linien auf: Linie Blankenburg/Regenstein, Regenstein und Heimburg/Regenstein. Der bedeutendste aus der Linie Heimburg/Regenstein war Graf Albrecht II., der auch als „Raubgraf“ bezeichnet wurde. Albrecht war Schutzvogt und Gerichtsherr des Quedlinburger Stifts. Durch diese Machtfülle wuchs der Einfluss der Regensteiner. Um deren Macht und Einfluss im Harz einzudämmen, setzten sich die Halberstädter Bischöfe ein, insbesondere Bischof Albrecht II. Die Bestrebungen der Quedlinburger nach eigener städtischer Freiheit wurden von Bischof Albrecht kräftig unterstützt.

Abortanlage im Innern des Raubgrafenkastens.

Der Bischof liebäugelte nämlich selbst mit dem Richteramt in Quedlinburg. Im Frühjahr des Jahres 1336 trafen auf dem Hosikenberg bei Ditfurt, nordöstlich von Quedlinburg, der Halberstädter Bischof in Begleitung einer Abordnung Quedlinburger Bürger und der Graf Albrecht II. von Heimburg/Regenstein mit seinen Männern zusammen, wo der Bischof ganz offen vom Grafen das Richteramt Quedlinburgs für sich beanspruchte. Graf Albrecht, der mit diesem Amt belehnt worden war, zeigte sich empört über das Ansinnen des Halberstädter Bischofs und beantwortete die Auflehnung der Quedlinburger Bürger, die dem Regensteiner als ihrem Gerichtsherrn verpflichtet waren, aber die Absichten des Bischofs unterstützten, mit Übergriffen auf die Bauern der Stiftsdörfer und schließlich im Jahre 1337 mit der Erstürmung der Quedlinburger Neustadt. Dabei gerieten auch die Bewohner der Altstadt in arge Bedrängnis. Sie eilten zu den Waffen und warfen sich durch einen Ausfall den Angreifern entgegen. Während des Schlachtgetümmels gewannen die Quedlinburger die Oberhand. Als dies Graf Albrecht bemerkte, floh er rasch vom Kampfplatz. Die Quedlinburger verfolgten ihn bis zum Hackelteichsumpf nahe der Gersdorfer Burg, die auch eine Burg der Regensteiner war, wo sie ihn ergreifen konnten. Gebunden wurde er in die Stadt gebracht und durch die Straßen geführt, wo die Bürger über die Ergreifung des üblen Raubritters laut jubelten. Der „Raubgraf" wurde nun ins Gefängnis der Stadt gesteckt und man hielt Gericht über ihn. Die Stadtoberhäupter ließen eine stabile

Holzkiste zimmern, den sogenannten Raubgrafenkasten. In diesen Verschlag wurde Graf Albrecht gesteckt; er soll über ein Jahr lang in dieser Kiste gefangengehalten worden sein. Während der Inhaftierung des „Raubgrafen" wurde die Zwingburg der Regensteiner unweit der Stadtmauer von den Quedlinburgern bis zum Grunde niedergerissen. Im Frühjahr des Jahres 1338 befand sich Graf Albrecht II. wieder auf freiem Fuß, denn er nahm an einer Adelsversammlung am „Hohen Baum" in Quedlinburg teil. Auf dieser Versammlung wurden die Schlichtungsurkunden zwischen dem Bischof von Halberstadt und dem Grafen Albrecht II. von Heimburg/Regenstein unterzeichnet. Dabei mussten die Regensteiner ihre Schutzherrschaft über Quedlinburg an den Halberstädter Bischof abtreten. Der „Raubgrafenkasten" kann heute im Schlossmuseum besichtigt werden. Die riesige, mit Eisenbändern beschlagene Kiste ist 2,78 m lang, etwa 2,40 m breit und 2 m hoch. Auf der Vorderseite befinden sich eine kleine rundbogige Tür, die durch ein Vorhängeschloss gesichert ist, sowie eine rechteckige Fensteröffnung. Solch ein Fensterchen befindet sich auch auf der linken Seite. Auf der Rückseite dagegen sind es zwei. Im Innern der riesenhaften Kiste befindet sich für die Notdurft ein Abort, in welchem vermutlich ein Eimer gestanden hat. Der „Raubgrafenkasten" bot dem gefangenen Regensteiner so viel Platz, dass er mehrere Schritte gehen konnte. Staunend stehen die Besucher vor dem gewaltigen Kasten aus dicken Fichtenbohlen.

Die Kaiserpfalz Goslar

Die weltberühmte Kaiserpfalz liegt am Nordwestrand des Harzes und war im Mittelalter ein Zentrum deutscher Reichspolitik. Das Meisterwerk romanischer Baukunst entstand um 1050 als mächtigster Profanbau seiner Zeit und gehört zu den größten Saalbauten des Mittelalters. Die auf der Südseite durch einen Verbindungsbau zum Kaisersaal befindliche achteckige Pfalzkapelle St. Ulrich wurde im 11./12. Jahrhundert errichtet.

Dreizehn Könige und Kaiser hielten in der Pfalz Hof, wie der in Goslar geborene Heinrich IV. (1050–1106), Kaiser Friedrich I. Barbarossa (1122–1190) und Wilhelm von Holland (1227–1256). Im Pfalzgebäude kann der erhaltene Thronsessel – der Kaiserstuhl, auf dem die hier amtierenden Könige und Kaiser gesessen haben – besichtigt werden. Unterhalb des Hauptgebäudes befand sich einst der Dom, den man 1819 abreißen musste. Als Rest dieses Bauwerkes ist die Domvorhalle mit ihrem Skulpturenschmuck erhalten geblieben.

Als Kaiser Heinrich III. (1017–1056) im Jahre 1056 verstarb, wurde sein Körper im Dom zu Speyer begraben, sein Herz aber wurde auf seinen Wunsch in die Kaiserpfalz Goslar

Die Kaiserpfalz Goslar.

gebracht. In einer achteckigen Kapsel aufbewahrt, ruht es in einem Hochgrab der Pfalzkapelle St. Ulrich und wurde mit einer Grabplatte verschlossen, die das Abbild des Kaisers zeigt.

Die Pfalz in Goslar war über die Jahrhunderte hindurch nie Ruine, sie stand immer unter einer Bedachung. Gegen Ende des 19. Jahrhunderts wurde der Bau von Grund auf saniert und zu einem pompösen Nationaldenkmal hergerichtet. Der mächtige Saal des Kaiserhauses, der Reichssaal, wurde mit prächtigen Wandgemälden aus der deutschen Geschichte und reichhaltigen Verzierungen ausgeschmückt. Im Außenbereich vor dem Reichssaal stehen zwei Reiterstandbilder auf steinernem Sockel: Kaiser Barbarossa und Kaiser Wilhelm I., die auf die Besucher herabschauen. Außerdem befinden sich dort zwei Kopien des Braunschweiger Burglöwen. Im Pfalzgarten hinter dem Kaiserhaus steht der „Goslarer Krieger“, eines der bedeutendsten Werke des englischen Bildhauers Henry Moore.

Standbild König Heinrichs III.

Die Sage vom Bergmönch

Der Bergmönch war zu Lebzeiten ein Graf, der sich sehr für die Bergwerke und deren Bergleute eingesetzt hatte. Als der Graf gestorben war, tauchte er als Bergmönch in den Bergbauregionen des Harzes auf und half den schwer arbeitenden Knappen unter Tage. Wo er den Bergleuten erschien, fanden sie reichlich Erze in den Gruben. Er erschien den Menschen mit Puffjacke und Hinterleder. In der Hand hielt er ein Licht, das selbst der stärkste Windstoß nicht auslöschen konnte.

In der Grube Samson in Andreasberg arbeitete einst ein fleißiger Bergmann. Obwohl er täglich bis zur Erschöpfung schuftete, konnte er seine Frau und seine fünf Kinder kaum noch ernähren. Seine Sorgen wurden immer größer. Eines Morgens, bevor er zur Arbeit ging, sprach er verzweifelt zu seiner Frau: „Wolle Gott, es begegne mir heute der Bergmönch, dann würde ich ihm so recht mein Leid klagen, vielleicht würde er mir helfen!" Als nun der Bergmann in den Schacht einfahren wollte, stand plötzlich der Bergmönch mit seinem Licht vor ihm. Wortlos und mit einem Lächeln im Gesicht, drückte er etwas Rindertalg in seine Grubenlampe und bedeutete ihm, in den Schacht einzufahren. Das Licht seiner Lampe leuchtete viel heller als sonst. Tüchtig wie immer schlug der Bergmann das Erz aus dem Berg. Als er nach getaner Arbeit aus der Grube fuhr, stand plötzlich wieder der Bergmönch freundlich lächelnd vor dem Eingang des Stollens und drückte ihm wortlos einen Rinderknochen in die Hand – und war im selben Augenblick verschwunden. Der Bergmann steckte den aus seiner Sicht wertlosen Knochen in seinen Ledersack und machte sich auf den Heimweg. Nach einer Weile dachte er daran, den Knochen wieder wegzuwerfen, er brachte es jedoch nicht fertig, das Geschenk des freundlichen Mönches zu missachten. Mit der Zeit wurde der Ledersack auf seinem Rücken immer schwerer und er war deshalb froh, als er ihn zu Hause herunternehmen konnte. Polternd krachte der schwere Sack auf die Dielenbretter, dass seine Frau herbeigelaufen kam. Der Bergmann hatte keine Erklärung für das laute Geräusch und öffnete den Sack, um zu ergründen, was die Ursache dafür sei. Wie erstaunt war er jedoch, als ihm statt des Rinderknochens ein großer Goldklumpen entgegenstrahlte. Da war die Freude riesengroß und alle Not hatte ein Ende.

Die große Harzburg

Die Harzburg wurde 1065–1069 durch König Heinrich IV. als erste, größte und stärkste einer Reihe von Burganlagen der Harzregion errichtet. Die Burganlage galt zu dieser Zeit als uneinnehmbar. Im Jahre 1073 verbündeten sich sächsische Bauern mit dem Adel, um gemeinsam gegen Heinrich IV. vorzugehen. Noch im gleichen Jahr flüchtete König Heinrich von der Pfalz Goslar in seine unweit gelegene Harzburg. Nach Beginn des Sachsenaufstandes musste Heinrich IV. im Jahre 1074 zunächst den Frieden von Gerstungen mit den Aufständischen unter Führung Otto von Nordheims schließen. Der Vertrag sah vor, die neu errichteten oder wieder instand gesetzten königlichen Burgen vor Haynrode niederzureißen, was jedoch nur teilweise oder gar nicht geschah. Die Sachsen hatten in Gerstungen eine wohlgerüstete Streitmacht von 14.000 Mann aus Bauern und Adel zusammengebracht, um ihre Forderungen durchzusetzen. Als König Heinrich nicht einlenkte, schlugen die Sachsen los und zerstörten 1074 zahlreiche königliche Burgen, darunter auch die seit 1073 belagerte Harzburg.

Nach alten Vorlagen soll die Harzburg 1574 so ausgesehen haben.

Die Flucht des Königs

König Heinrich weilte zu dieser Zeit schon nicht mehr auf der Burg. Er war in der Nacht vom 9. zum 10. August 1073 heimlich von der Veste, unter Mitnahme der Reichsinsignien, in Richtung Südharz geflohen. Die Flucht von der eingeschlossenen Burg erfolgte der Überlieferung nach durch einen 18 m langen Wasserzuleitungsstollen, der in den Schacht des Burgbrunnens mündet. Der König ließ sich mit einem Seil ein Stück in den Brunnenschacht hinab und kroch unbemerkt durch den Stollen in den Außenbereich der Burg. Die Überlieferung berichtet auch, dass Heinrich IV. getarnt in Frauenkleidern von der Burg geflohen sei.

Im Jahre 1076 wurden auf der zerstörten Burg Gebäude teilweise wieder aufgebaut. Friedrich I., Barbarossa ließ die Harzburg 1180 zur Reichsfestung ausbauen. Im gleichen Zeitraum entstand etwa 300 m von der Burg entfernt die kleine Harzburg. Ihre Geschichte entspricht etwa der der großen Harzburg. Die große Harzburg mit ihrer Umfassungsmauer galt als der zentrale Stützpunkt der Reichsherrschaft in der Harzregion. Unter Kaiser Otto IV. wurde auf der Westburg ein rechteckiger Turm errichtet, der sogenannte Pulverturm.

Otto IV. bewahrte seit 1208 die Reichsinsignien auf der Harzburg auf. Hier starb er auch im Jahre 1218. Die nachfolgenden Burgherren waren die Grafen von Wohldenberg und die Grafen von Wernigerode. Bis ins 16. Jahrhundert wurde die Burganlage um- und ausgebaut. Der Braunschweiger Herzog Heinrich der Jüngere hatte die Absicht, die baufällig gewordene Burganlage wieder instand zu setzen und hatte bis 1574 eigens dafür eine Zeichnung anfertigen lassen, die den damaligen Zustand der Burg darstellte. Die Pläne für die Instandsetzung der alten Burg wurden jedoch verworfen. Stattdessen errichtete man am Fuße des Burgberges ein prächtiges Renaissanceschloss. In den Jahren 1650/51 wurde die alte Harzburg abgerissen. Es blieben nur Reste der Ringmauer, der Stumpf des Bergfrieds, Grundmauern von Gebäuden und der 42 m tiefe Brunnen erhalten. Das sich von Nordost nach Südwest erstreckende große Burggelände war einst von einer 10 m hohen Ringmauer umgeben und auf der Südostseite von einem Wallgraben geschützt. Die Burganlage war durch einen Graben und eine Mauer mit einem quadratischen Bergfried mit 9,4 m Seitenlänge in eine Ostburg und eine Westburg geteilt. Auf der Ostburg befanden sich der Palas, einige andere Gebäude, ein runder Bergfried mit einem Durchmesser von 10 m und eine starke Schildmauer. Die Westburg diente mit einer Reihe von Wirtschaftsgebäuden und einem 42 m tiefen Brunnen der Hofhaltung. Der schon genannte quadratische Bergfried mit der Mauer befand sich ebenfalls auf der Westburg. Beide Burganlagen hatten einen eigenen Zugang.

Der wilde Jäger Hans von Hackelberg

Eine der bekanntesten Geschichten des Harzgebietes ist die des wilden Jägers Hans von Hackelberg, der im 16. Jahrhundert lebte. Der Oberjägermeister Hackelberg, ein richtiges Rauhbein, stand schon viele Jahre in den Diensten der Herzöge von Braunschweig, die im Harzraum größere Besitzungen ihr eigen nannten. Hackelberg war ein wahrer Draufgänger von kräftiger Gestalt, der aber auch sehr jähzornig werden konnte. Eines Tages rief der Herzog seinen Oberjägermeister zu sich und teilte ihm mit, dass er beabsichtige, in einigen Tagen eine größere Jagd in den Wäldern um die Harzburg zu veranstalten, zu der auch einige Adelsherren der Umgebung geladen waren. Solche Art von Jagden hatte Jäger Hackelberg schon oft mit seinen Jagdgesellen organisieren müssen. Diesmal war es jedoch etwas anders. In der Nacht quälte den Jäger ein furchtbarer Traum. Ein mächtiger Eber mit gewaltigen Eckzähnen, den Hackelberg zur Strecke bringen wollte, brachte ihn um. Schweißgebadet schreckte er jedes Mal aus dem Schlaf hoch. Dieser Traum verfolgte den Jäger jede Nacht, bis der Tag der Jagd gekommen war. Die Jagdgesellschaft zog unter dem Klang der Jagdhörner und dem lauten Bellen der Hunde in die Wälder. Als Hackelberg auf seinem Ross durch das Unterholz ritt, trieben seine Hunde einen riesigen Eber aus dem Gebüsch. Schnell sprang der Jäger von seinem Pferd und rammte dem wehrhaften Tier einen Jagdspieß, die Saufeder, in den Leib. Tödlich getroffen brach das Wildschwein zusammen. Mit einem lauten Jubelschrei trat Hackelberg an den erlegten Eber heran und sprach die überlieferten Worte: „Nun hast du mir doch nichts anhaben können". Voller Übermut und Missachtung der Kreatur trat er mit ganzer Kraft vor das Maul des Tieres. Der Tritt war aber so unglücklich ausgeführt, dass die Spitze vom Eckzahn des Ebers die Sohle seines Stiefels durchstieß und tief in den Fuß des Jägers eindrang. Mit einem Schmerzensschrei hob Hackelberg den verletzten Fuß vom Hauer des Tieres und schwang sich wieder auf sein Ross. Nach Ende der Jagd, die durch Hörnersignale angekündigt wurde, sammelten die Jagdgesellen das erlegte Wild ein und schafften es zur Inspizierung auf den Burghof der Harzburg. Im großen Saal der Burg wurden schon üppige Speisen und Getränke für die Jagdgäste aufgetafelt. Hackelberg, der anfangs seine Verletzung ignoriert hatte, musste schon bald die Tafel verlassen und sich auf sein Lager begeben. Die Wunde hatte sich sehr schnell entzündet und das gesamte Bein heftig anschwellen lassen. Der Jäger litt unter heftigen Schmerzen und starkem Fieber. Das Ende des Oberjägermeisters nahte, er fluchte laut und wollte nichts von Seelenheil und himmlischem Frieden hören, nur jagen, jagen bis zum jüngsten Tag. Nach seinem Tode und bis in die heutige Zeit hinein soll man in stürmischen Herbstnächten den ruhelosen wilden Jäger Hackelberg mit seinen Jagdgehilfen unter lauten Jagdrufen, Hörnerklang und Hundegebell durch die Wälder rund um die Harzburg brausen hören. Die tragische Geschichte des Jägers Hackelberg wird im Harz in verschiedenen Varianten erzählt, im Grunde hat sie jedoch stets denselben Kern.

Die große und die kleine Harzburg nach einer historischen Vorlage.

Der Krodo

Der 483 m hohe Burgberg der großen Harzburg war schon lange vor dem Bau der Harzburg eine uralte Kultstätte der Sachsen. Auf dem Gipfel des Berges stand weithin sichtbar der Götze Krodo, eine von den Sachsen verehrte Figur aus der germanischen Götterwelt. Die Sachsen, einst ein mächtiges germanisches Volk, das bis über das 8. Jahrhundert hinaus an seine Götter glaubte, verehrten an zahlreichen Orten des Landes in heiligen Hainen ihre Gottheiten. Das Standbild des Krodo wurde zum Ende des 8. Jahrhunderts, zur Zeit, als der Franke Karl der Große die Sachsen gewaltsam zum Christentum bekehren wollte, auf Veranlassung König Karls zerstört. Die Gestalt des Krodo und seine Zerstörung wird in der Sachsenchronik des Conrad Bothe aus dem Jahre 1492 beschrieben und bildlich dargestellt. Etwa in der gleichen Zeit, im Jahre 772, ließ Karl der Große das bedeutendste germanische Heiligtum der Sachsen, die hölzerne Irminsäule, die dem germanischen Gott Irmin geweiht war, zerstören. Die Irminsäule oder auch Irminsul stand in einem heiligen Hain nahe der westfälischen Eresburg an der Diemel. Zur Erinnerung an den Krodo wurde auf dem Burggelände eine nach dem Vorbild aus der Sachsenchronik geschaffene Nachbildung der Götzenstatue neu aufgestellt.

Der Krodo auf der Harzburg. Die Abbildung aus der sächsischen Weltchronik zeigt eine bärtige männliche Figur mit wüstem Haar, nur mit einem bis über die Knie reichenden hellen Leinengewand bekleidet, das durch ein im Winde wehendes Hüftband zusammengehalten wird. Die Ärmel sind bis über die Ellenbogen nach oben gekrempelt. Die Beine sind nackt und ohne Schuhwerk. Die Figur des Krodo, auf einer runden verzierten Säule stehend, mutet aus heutiger Sicht sehr seltsam an. Man weiß nicht mehr, welche Bedeutung das sechsspeichige Rad, der hölzerne, mit Blüten gefüllte Eimer, das flatternde Hüftband und der Fisch, auf dem der Krodo steht, zu bedeuten haben.

Räuberische Burgbesatzungen

Um verlorengegangenes Reichsgut in Nordthüringen wieder für die Krone zurückzugewinnen, schuf König Heinrich IV. eine Reihe von Stützpunkten gegen die regionalen Feudalherren. Von seinem Burgenbaumeister Benno von Osnabrück ließ er neue Zwingburgen errichten: die Harzburg, die Heimburg und die Steinbergburg am Nordwestrand des Harzes, die Hasenburg und den Sachsenstein im Südwesten des Harzes. Des Weiteren entstanden die Spatenburg bei Sondershausen und die Moseburg unweit von Walkenried. Vom Pfalzgrafen Friedrich II. erwarb der König die Burg Vokenrot bei Volkenroda.

All diese stark befestigten Burganlagen ließ Heinrich IV. vorwiegend mit schwäbischen Ministerialen besetzen. Die Burgbesatzer waren rücksichtslose, brutale Gesellen, welche die Landbevölkerung drangsalierten. Die Menschen wurden zu harten Frondiensten gepresst, um Bau-, Erhaltungs- und Erweiterungsarbeiten an den Burganlagen zu verrichten. Sie versperrten den Leuten eigenmächtig die Zugänge zu Wäldern, Gehölzen und Gewässern, erhoben Zölle und verlangten Wegegelder, auch schändeten sie Frauen und Mädchen der Landleute. Wie der Chronist Lampert von Hersfeld berichtet, machten die Burgbesatzungen täglich Ausfälle und raubten alles, was sie in den Dörfern und auf den Feldern fanden. Oft trieben sie den Bewohnern der umliegenden Ortschaften ganze Viehherden weg, mit der Begründung, den „Zehnten" einzutreiben. Auch erhoben sie kaum bezahlbare hohe Steuern auf Felder und Wälder. Die räuberischen Burgbesatzungen zwangen sowohl zahlreiche Hochgeborene zu Diensten als auch gemeine Hörige. Wenn diese aufbegehrten, wurden sie kurzerhand in Ketten gelegt, als ob sie ein schweres Vergehen gegen den König begangen hätten.

Anfang August des Jahres 1073 stellten die Thüringer und Sachsen einen Beschwerdebrief mit acht Artikeln über die Tyrannei der Burgbesatzungen zusammen und übergaben das Schreiben dem König mit der Bitte, dem Treiben der Burgbesatzungen Einhalt zu gebieten. Heinrich IV. ignorierte das Schreiben. Die Zerstörung der eichsfeldischen Burg Hanstein bei dem Ort Bornhagen im Jahre 1070 durch König Heinrich IV. verstärkte den Widerstand des thüringischen und sächsischen Adels gegen den König und löste den Sachsenaufstand aus. Im Herbst des Jahres 1073 und im Frühjahr 1074 gingen die Sachsen und Thüringer gewaltsam gegen die von Heinrich IV. neu errichteten und neu erworbenen Zwingburgen vor. Das Heer der Aufständischen setzte sich aus Landvolk und Adel zusammen, wovon die Bauern den größten Anteil stellten. Im Lied vom Sachsenkrieg wird die Belagerung der Heimburg geschildert: 3.000 Mann umzingelten demnach die hoch auf einem Berg gelegene Burg im Dunkel der Nacht. Am frühen Morgen des kommenden Tages begann der Sturm auf die Veste. Die Burgmannen waren im Kampfe die Besseren und schlugen das Volk aus dem Feld und in die Flucht. Die Heimburg wurde mehrfach erfolglos bestürmt, bis die Belagerer unter Führung des Markgrafen Eckbert von Meißen begannen, die Burgbesatzung auszuhungern. Graf Eckbert nahm in der Zwischenzeit heimlich Verbindung zu den Torwächtern auf und bestach sie mit Geld, damit sie die Tore der Burg öffnen sollten. Die Wächter erklärten sich unter der Bedingung bereit, dass die Burgbesatzung unversehrt abziehen könne, was dann auch geschah. Die Belagerer drangen in die Heimburg ein und brannten sie bis auf den Grund nieder. Eine andere Gruppe Aufständischer zog 1073 vor die Hasenburg. Wegen ihrer unzugänglichen Lage konnte diese nicht im Sturm genommen werden. Die Burg wurde bis in den Januar 1074 belagert und die Burgbesatzung ausgehungert. Für freien Abzug gaben sie schließlich die Burg auf. Die Belagerer rissen die Veste nieder, dass kein Stein auf dem Anderen blieb. Auch die Spatenburg, die Moseburg, der Wiegantstein, die Assenburg und die Burg Vokenroth bei Volkenroda wurden zerstört. Der Feuerschein der brennenden Bergschlösser war bis weit ins Land sichtbar. Den schmerzlichsten Verlust erlitt König Heinrich IV. jedoch mit der Zerstörung der Harzburg im Frühjahr 1074, denn sie war der Lieblingssitz des Königs gewesen. Die wütenden Bauern zerstörten die stark befestigte Burganlage, brandschatzten, raubten die Kirche aus und zerstörten und schändeten Grabmäler, dabei zerstreuten sie die Gebeine der Verstorbenen. Den Geistlichen rissen die Bauern die Kleider vom Leib und schlugen sie mit Fäusten. Zuletzt rissen sie noch die Fundamente der Gebäude und Mauern aus der Erde. König Heinrich IV., der sich zu Beginn der Belagerung auf der Harzburg aufgehalten hatte, konnte, vermutlich in Frauenkleidern, unerkannt von der Burg flüchten. Nach der Zerstörung der Harzburg und den damit verbundenen Ausschreitungen der Bauern, distanzierte sich der Adel vom Landvolk. 1076 ließ König Heinrich IV. seine zerstörten Burgen wieder aufbauen und auf zahlreichen Berggipfeln neue errichten. Dabei wurden die Bauern gezwungen, unerträgliche Frondienste zu leisten.

Kaiser Heinrich IV. Seine Krönung zum Kaiser war im Jahre 1085. ▶

HBaumgart

Der Weg deutscher Kaiser und Könige des Mittelalters durch den Harz

Der Weg deutscher Kaiser und Könige – dies ist ein frühzeitlicher Handelsweg über den Harz, benannt nach dem Fluchtweg, den Heinrich IV. von seiner mächtigen Harzburg am nordwestlichen Harzrand im Jahre 1073 genommen hatte. Die Burg war von aufständischen Sachsen und Thüringern belagert und zerstört worden. König Heinrich IV. soll sich aus der belagerten Burg geschlichen und damit sein Leben gerettet haben. Seine Flucht führte ihn über die Südharzer Klöster bis nach der Pfalz Tilleda unterhalb des Kyffhäusers.

In zahlreichen Harz-Wanderkarten werden zusätzliche Wege als „Wege deutscher Kaiser und Könige" bezeichnet, die aber nichts mit dem ursprünglichen „Kaiserweg" zu tun haben. Der „Kaiserweg" führt durch die drei Bundesländer Niedersachsen, Thüringen und Sachsen-Anhalt und ist mit der Abbildung einer Kaiserkrone gekennzeichnet. Der historische Weg nimmt seinen Anfang in der Kaiserpfalz Goslar und führt über Oker, beginnt aber erst in Bad Harzburg, führt weiter über Molkenhausen, Königskrug, Kapellenfleck, Helenenruh, Walkenried, Ellrich, Kammerforst, Woffleben, Komödienplatz, Salza, Nordhausen, Heringen, Hamma, Badra, Kyffhäusergebirge bis zur Kaiserpfalz Tilleda. Der Weg wird zwar seit der Flucht Heinrichs IV. im Jahre 1074 von der belagerten Harzburg als Kaiserweg bezeichnet, Heinrich IV. war zu dieser Zeit aber noch König. Erst im Jahre 1084 wurde er zum Kaiser gekrönt.

Die Region Harz gehört zu den am dichtesten mit Burgen und Schlössern belegten Gebieten Deutschlands. Auf einer Fläche von rund 100 qkm wurden über 500 Burgen und Befestigungsanalagen festgestellt. Sie schützten einst Handelswege, Territorien und die Stätten des Bergbaus. Sie wurden auch genutzt, um Wegegelder und Zölle zu kassieren. Seit der Wahl des Sachsen Heinrich I. zum deutschen König im Jahre 919 war der Harz für 300 Jahre Herrschaftsmittelpunkt des Heiligen Römischen Reiches Deutscher Nation.

Die Heimburg

Der Burgberg erhebt sich gleich hinter dem Ort Heimburg auf der nördlichen Seite. Ein Pavillon leuchtet auf dem Gipfel des Berges aus dem Grün des Waldes. Im Mittelalter führten bedeutende Verkehrswege von Magdeburg, Halberstadt, Quedlinburg und Braunschweig an der Heimburg vorüber. Lambert von Hersfeld erwähnte die Heimburg 1073. Nach der Schlacht am Wolfesholz 1115 wird die Veste als Reichsburg bezeichnet, die

Torbogen von der Vorburg der Heimburg.

Pavillon auf dem höchsten Punkt des Burggeländes der Heimburg.

von den Sachsen und Thüringern zerstört wurde. 1123 versuchten Dienstleute des Bischofs Reinhard von Halberstadt die Burg wieder aufzubauen, was der Sachsenherzog Lothar von Supplingburg verhinderte. In einer Urkunde Heinrichs des Löwen aus dem Jahre 1143 ist ein Anno von Heimburg erwähnt. Im Laufe der Auseinandersetzungen zwischen Kaiser Barbarossa und Herzog Heinrich dem Löwen musste die Burg 1180/81 vorübergehend an den Kaiser übergeben werden. Zwischen 1263 und 1267 kam die Heimburg an den Grafen Ulrich I. von Regenstein, der hier eine eigene Linie dieses Geschlechtes gründete. Im Bauernkrieg 1525 zerstörten aufgebrachte Bauern die Burganlage. Sie wurde nicht wieder aufgebaut. Der Besitz blieb bei den Regensteinern, und zwar bis zu deren Aussterben am 9. Juli 1599. Eine Abbildung der Burgruine Heimburg, gezeichnet von Conrad Buno im Jahre 1654, zeigt die Reste der Burg nach weiteren Zerstörungen des Dreißigjährigen Krieges. Bis in das 19. Jahrhundert hinein diente die Ruine als billiger Steinbruch. Die Mauern wurden bis zum Grund abgetragen und das Material für private Bauzwecke vom Berg geholt. Im 19. Jahrhundert hatte man auch Versuche unternommen, auf dem Burgplateau einen Landschaftspark zu gestalten. Aus dieser Zeit stammt ein kleiner Lindenhain von zehn in einem Kreis gepflanzten Bäumen. Von 1891 bis 1894 hatte der Blankenburger

Baurat Heinrich Brinkmann große Teile der im Boden verbliebenen Grundmauern der Heimburg freigelegt. Hierbei wurden Mauerreste von vier größeren Gebäuden ausgegraben. Des Weiteren die Fundamente mehrerer Türme und ein inneres und äußeres Ringmauersystem sowie einen Brunnen. Nach dem Ausgrabungsbefund wurde ein Grundriss der Burganlage angefertigt. Ein tiefer, noch sichtbarer Wallgraben schützte die Burg auf der nordwestlichen Seite. Er lief nach der südlichen Seite am steilen Berghang aus. Anfang der 1980er-Jahre entstand auf dem höchsten Teil des Burggeländes, wo einst der runde Bergfried stand, ein Beobachtungsbunker. Bei diesen Bauarbeiten hat man noch vorhandene oberirdische Mauerreste zerstört. Die Burg wurde nach Errichtung des Bunkers für Besucher gesperrt. Später sollte die Bunkeranlage wieder gesprengt werden, was aber durch schwierige Umstände verworfen wurde. Nach der Wiedervereinigung der beiden deutschen Staaten gelangte die Heimburg in die Obhut der örtlichen Heimatfreunde und ist seitdem wieder für jedermann zugänglich. Auf dem unterirdischen Bunker steht heute ein schöner hölzerner Pavillon, der eine herrliche Aussicht in die Umgebung bietet: nördlich bis Derenburg und Sargstedt, nordöstlich bis Halberstadt und Langenstein, südöstlich bis Blankenburg und nordwestlich bis Banzingerode. Den schönsten Ausblick hat man jedoch auf den Ort Heimburg zu Füßen der Burg und die dahinter liegenden Berge. Die von Heinrich Brinkmann freigelegten Grundmauern sind heute von einer dicken Grasnarbe und Buschwerk überdeckt. Nur einige Meter der Ringmauer sind noch gut sichtbar. Am Fuße des Burgberges befinden sich auf der östlichen Seite Gebäude der ehemaligen Domäne, die heute als Wohnungen und Sitz einiger Firmen genutzt werden. Die Gebäude sind als spätmittelalterliche Vorburg zu betrachten. Der Weg zur Burg führt durch einen noch gut erhaltenen Torbogen. Eine kleine Ringmauer mit Bastion schützte die dahinter liegenden Gebäude und den Zugang zum Tor. An der Bastion ist ein Stein mit der eingemeißelten Jahreszahl 1653 eingemauert. Wenn man den Burgberg hinaufsteigt, fallen die zahlreichen, dicht mit Efeu bewachsen Eschen- und Bergahornbäume an der Nordseite des Berges auf.

Der Landfriedensbrecher Graf Dietrich von Wernigerode

In M.C. Spangenbergs „Mansfeldische Chronik“ aus dem Jahre 1572 wird über den Grafen Dietrich von Wernigerode berichtet, der ein Landfriedensabkommen gebrochen hat, das u. a. die Herzöge von Braunschweig, der Bischof von Halberstadt und die Harzgrafen abgeschlossen hatten. Graf Dietrich von Wernigerode hatte selbst auf dem Landtag geschworen, dass derjenige, welcher den Landfrieden brechen würde, unabhängig von seinem Stand, mit dem Tode durch den Strang bestraft werden solle. Nur wenig später unternahm dieser Graf Dietrich einen Raubzug gegen die Grafschaft Regenstein. Er eroberte und plünderte dabei auch das Schloss Blankenburg. Diese Tat erregte den Zorn aller anderen, die das Abkommen über den Landfrieden unterzeichnet hatten. Sie beauftragten daher den Erzbischof von Magdeburg und den Grafen von Hohnstein, den Landfriedensbrecher, den Grafen von Wernigerode, zu ergreifen und zu bestrafen. Der Graf wurde auf einem offenen Feld bei Heimburg vor Gericht gestellt und vom Grafen Busso von Regenstein wegen seines unangekündigten Überfalls angeklagt (eine Fehde musste drei Tage vorher schriftlich durch einen Fehdebrief oder mündlich angekündigt werden). Da Graf Dietrich die Tat gestand, wurde er von den zu Gericht sitzenden Herren zum Tode durch den Strang verurteilt. Als man Dietrich das Urteil verkündet hatte, wurde einem seiner Diener der Befehl erteilt, dem Verurteilten zuerst einen Schlag mit seiner Waffe über den Kopf zu geben. Als dies geschehen war, durchbohrten ihn die anwesenden Herren mit dem Schwert. Anschließend wurde die Leiche an einem Busch aufgehängt, damit die Hinrichtung nach der Bestimmung des Landfriedens vollzogen war.

Wappen der Herren von Wernigerode.

Statue eines Stolberger Ritters in einer Wandnische des Schlosses Wernigerode.

Burg und Festung Regenstein

Der Regenstein, ein gewaltiges Sandsteinmassiv, erhebt sich nördlich von Blankenburg am Nordharz aus dem Talgrund in die Höhe. Auf der Nordseite fällt der Fels nahezu senkrecht 80 bis 100 m in die Tiefe ab. Die Ost- und Westseite sind ebenfalls schroff und steil. Die südliche, die Zugangsseite, steigt allmählich vom Grund bis zum Burgplateau an. Wenn man aus östlicher, westlicher oder nördlicher Richtung nach Blankenburg kommt, sieht man schon von Weitem den mächtigen Regenstein aus dem Grün des Waldes herausragen. In alten Zeiten wurde der Regenstein als Reinstein bezeichnet. Rein ist gleichbedeutend mit Regen. Die die noch vor 1900 Geborenen hatten in Mittelthüringen in ihrer ländlichen Mundart unter anderem auch das Wort Rein für Regen in Gebrauch, z.B. „es reint" (es regnet) oder es ist „Reinwatter" (Regenwetter). Bei starken Regenfällen strömt das Wasser die kahlen Felswände hinab und hat vermutlich zur Namensbildung beigetragen. Schon in vorgeschichtlicher Zeit haben Menschen ihre Spuren auf dem Fels hinterlassen, was durch eine Reihe von Fundstücken wie Knochen- und Keramikreste sowie einen Bronzeschatz belegt ist. Nach mündlicher Überlieferung zog im Jahre 479 der Thüringer König Melverikus mit seinem Heer durch den Harz, um die Sachsen zu verdrängen und sein Reich nach Norden zu erweitern. Die Sachsen sammelten daraufhin ebenfalls eine Streitmacht und stellten sich bei dem Ort Veckenstedt den Thüringern zur Entscheidungsschlacht. Nach hartem Ringen gewannen die Sachsen die Oberhand und drängten die Thüringer aus dem Land. Nach dem Sieg über die Eindringlinge versammelten sich die Sachsen, um ihre Recken zu ehren. Ein Edler namens Hatebold aus dem Ort Veckenstedt hatte sich im Kampf besonders hervorgetan. Als Lohn für seine Tapferkeit bekam er ein Stück des noch wüsten Landes. Er durchstreifte die Gegend nach einem passenden Wohnsitz für sich und die Seinen. Nach einigem Suchen kam er zu einem mächtigen Steinberg. Hier soll er voller Entzücken ausgerufen haben: „Dieser Stein ist gereghent, darauf soll meine Wohnung sein!" Er baute eine Burg auf dem Gipfel des Berges und nannte sich fortan Graf von Regenstein. Die erste nachweisbare Burg auf dem Regenstein soll eine Turmburg gewesen sein und Anfang des 11. Jahrhunderts, zur Herrschaftszeit König Konrads II. (1024–1039), auf dem Gipfel des Felsens gestanden haben. Die urkundlich belegbare Geschichte des Regensteins beginnt mit dem Sachsenherzog Lothar von Supplingenburg. Nachdem dieser zum deutschen König gekrönt worden war, übertrug er die Harzgrafschaft an seinen Vasallen Poppo für dessen treue Dienste. 1128 nannte sich Poppo Graf und ab 1133 Graf von Blankenburg, wo er seinen Wohnsitz hatte. Nach dem Tod des Grafen

Burg Regenstein.

kam das Erbe an seine beiden Söhne. Siegfried wurde Graf von Blankenburg und sein Bruder Graf Konrad I. bekam den Regenstein. 1167/69 nannte sich Konrad I. erstmals Graf von Regenstein. Im Jahre 1175 wurde eine Urkunde mit folgendem Text ausgestellt: „Cunradus comes de Reinstein". Graf Konrad wurde der Stammvater der älteren Linie Regenstein. In der zweiten Hälfte des 13. Jahrhunderts wurde die Burg erheblich ausgebaut und bis Mitte des 14. Jahrhunderts ständig erweitert. Die Anlage hatte eine Größe von 175 x 100 m. Die zahlreichen Höhlungen des Felsens auf dem Gipfel des Berges wurden beim Bau der Gebäude um und auf dem Fels integriert. Sechs Toranlagen, acht Türme und eine etwa 200 m lange Zwingeranlage schützten die Burg vor Angreifern. Die Regensteiner Grafen waren Verbündete Herzog Heinrichs des Löwen. In die Auseinandersetzungen zwischen dem Herzog und Kaiser Barbarossa waren auch die Regensteiner verwickelt. 1180 übergaben sie ihre Burg ohne Widerstand an Friedrich I., Barbarossa. Nach kurzer Zeit erhielten sie die Veste wieder zurück. Um 1250 kam es zu heftigen Streitigkeiten zwischen dem Grafen von Regenstein und Ritter Anno von Heimburg. Annos Schwester Bia war jedoch in inniger Liebe mit dem Regensteiner Grafen Heinrich II. verbunden. Als Ritter

Die Blankenburg nach historischer Abbildung.

Anno dahinterkam, wurde er noch wütender und streitsüchtiger. In seinem unbändigen Zorn erschlug er einen Grafen von Regenstein. Die Regensteiner sagten nun dem Übeltäter die Fehde an, stellten eine starke Streitmacht zusammen und rückten vor die Heimburg, belagerten und stürmten sie und vertrieben den Ritter von der Veste. Heinrich II. von Regenstein nahm Bia von Heimburg zur Frau und kam so in den Besitz der Burg und Herrschaft Heimburg. Bald danach trat Heinrich den Besitz an seinen Bruder Ulrich ab, da er nach dem Tod seines Vaters die Herrschaft auf dem Regenstein antrat. Unter den Grafen Ulrich III. von Regenstein-Heimburg und Heinrich VI. um 1300 hatte dieses Geschlecht die größte Machtfülle. Sie beherrschten den gesamten Nordharz. Von 1336 bis 1351 tobten heftige Machtkämpfe zwischen den Regensteinern und dem Bistum

Halberstadt um die Vormachtstellung im Harz, bei denen die Grafen von Regenstein unterlagen. Sie mussten daraufhin erhebliche Gebietsverluste hinnehmen. 1367/68 beerbte die Regenstein-Heimburger Linie die Regensteiner und Blankenburger. In der Zeit von 1450 bis 1460 wurde die Burg Regenstein als Stammsitz aufgegeben. Die Grafen residierten ab da auf der nahe gelegenen Blankenburg. 1599 starb der letzte Graf von Regenstein, Johann Ernst, ohne männliche Nachkommen. Die alte verlassene Stammburg ging ihrem Verfall entgegen. Im Verlauf des Dreißigjährigen Krieges (1618–1648) stritten die Braunschweiger und Brandenburger um die Grafschaft Regenstein. In den Jahren 1670 bis 1672 entstand auf dem Regenstein eine mächtige Bergfestung, die bis 1742 stetig erweitert und befestigt wurde. Sieben Hauptbastionen, Kasernen, Offizierslogiegebäude, Zeughäuser, ein Brauhaus, eine Gastwirtschaft, ein 197 m tiefer Brunnen und eine Garnisionskirche sowie eine Kette von Gräben und Umfassungsmauern, Magazinen und Stallungen entstanden. Bei diesen Bauarbeiten wurden die letzten Ruinenreste der mittelalterlichen Burganlage beseitigt. Nur der untere Teil des alten Bergfrieds mit einem Durchmesser von 8,3 m und einer Wandstärke von 3 m ist erhalten geblieben. 150 bis 200 Personen waren ständig auf der Festung stationiert. Unter der Herrschaft Friedrichs des Großen wurde die Festungsanlage nach dem Schlesischen Krieg vernachlässigt. Dies hatte zur Folge, dass im Verlaufe des Siebenjährigen Krieges eine aus Halberstadt anrückende französische Streitmacht die preußische Besatzung zur Übergabe der Festung Regenstein zwang. Die Franzosen besetzten diese von September 1757 bis Februar 1758 mit etwa 250 Soldaten. Danach wurde der Regenstein unter dem Kommando des Prinzen Heinrich von den Preußen wieder zurückerobert. Kurz darauf wurden auf Befehl des preußischen Königs sämtliche Festungsanlagen unbrauchbar gemacht und alle Gebäude niedergerissen. Das Abrissmaterial wurde verkauft und von dem Berg geschafft. Bei der Zurückeroberung der Festung wurde der Festungsbrunnen im Oberteil durch eine Kanonenkugel getroffen und zerstört. Erhalten geblieben sind die über 30 Höhlen und Gänge des Felsens auf dem Gipfel des Berges. Ein Tor ist quer durch den Sandsteinfels gearbeitet. Der größte Hohlraum war einst die Burgkapelle St. Nicolai, die 1246 erwähnt wurde. Von dem Gipfel der Felsenburg hat man einen fantastischen Rundumblick bis weit über den Harz. Auf der Nordseite blickt man 80 bis 100 m in die schaurige Tiefe. Ein starker Sturm soll einst einen Wachposten nebst seinem Holzhäuschen, in dem er stand, über die Klippe des Felsens in die Tiefe geschleudert haben. Glücklicherweise sei das Schilderhäuschen mit seinem Wächter in der Krone eines starken Baumes gelandet, was ihm das Leben rettete.

So wie Matthäus Merian den Regenstein 1654 detailgenau auf einem Kupferstich darstellte, sieht er heute wieder aus. Der Fels auf dem Gipfel des Berges ist von den Höhlen durchlöchert wie ein Schweizer Käse. Sehenswert ist auch die aus dem Sandstein herausgearbeitete Regensteinmühle mit zwei rekonstruierten Wasserrädern aus dem 12. Jahrhundert, etwa 1,5 km vom Besucherparkplatz entfernt am Mühlenwanderweg am Fuße der Burg gelegen.

Die Regensteinmühle

Die einstige mittelalterliche Regensteinmühle liegt unterhalb der gleichnamigen Burg. Vom Besucherparkplatz führt ein etwa 1,5 km langer Mühlenwanderweg durch den Wald bis zur Mühle. Die Entstehung der Mühlenanlage geht bis in die zweite Hälfte des 12. Jahrhunderts zurück; sie befand sich im Besitz der Grafen von Regenstein. Diese einzigartige Mühle wurde aus dem Sandsteinfelsen herausgearbeitet und bestand aus zwei untereinander angeordneten Anlagen. Die obere, eine Mahlmühle mit Kammrad und Stockgetriebe, hatte nur einen Mahlgang und wurde durch ein Wasserrad mit 4 m Durchmesser angetrieben. Die darunter liegende, eine Ölmühle mit Nockenwelle und Ölstampfanlage, wurde mit einem Wasserrad von 5 m Durchmesser angetrieben. Das Wasser, das die beiden Wasserräder in Bewegung setzte, hatte man von zwei durch den Fels gehauenen, 20 m langen Wasserstollen herbeigeleitet. Beide Mühlenanlagen waren

Steiniger Hohlweg zur Regensteinmühle.

Die Regensteinmühle.

überbaut mit einer Holzbalkenkonstruktion mit Bretterverkleidung. In der Felswand sind noch die eingehauenen Balkenlöcher sichtbar. Neben der Mühlenanlage befanden sich das Wohnhaus der Müllerfamilie, ein Backraum, Wirtschaftsgebäude und Stallungen. 1758 sprengten die Preußen die Anlage. Zur Erinnerung an die mittelalterliche Mühle hat man zwei mächtige Mühlräder nach altem Vorbild gebaut und an Ort und Stelle ihrer Vorgänger installiert. Ein Stück eines Hohlweges mit tief in den Sandstein eingeschnittenen Fahrgleisen ist Teil des alten Zufahrtsweges durch den Wald zur Regensteinmühle. Jahrhundertelang haben die Räder der voll beladenen Frachtwagen von und zu der Mühle die Vertiefungen in den Stein gearbeitet. Die Spurbreiten der mittelalterlichen Handelswagen und Karren hatten eine vorgeschriebene äußere Breite von 1,6 m. Dieses Maß weisen auch die Fahrgleise des Hohlweges auf. Auf den anderen, als Teilstücke erhalten gebliebenen Handelsstraßen wie der Via Regia hat man die gleiche Spurbreite im ausgefahrenen Straßenpflaster entdeckt.

Burg Ballenstedt

Die einstige Burg Ballenstedt mit Namen Askania war der Stammsitz der Askanier, die sich nach ihrer Stammburg benannt hatten. Wann sie errichtet wurde, ist nicht bekannt. Es wird vermutet, dass die Askanier im Gefolge Kaiser Konrads II., der mit Graf Esiko verschwägert war, in das Harzland kamen. Der Erste in der Reihe der Ballenstedter war Graf Esikos Vater Adalbert. Er hatte drei Söhne und zwei Töchter. Sohn Esiko (1036 und 1041 erwähnt) wurde Graf von Ballenstedt und gilt als Stammvater der Grafen von Ballenstedt. Sohn Dietrich wurde der erste Probst von Ballenstedt, Sohn Ludolf Mönch in Corvey, Tochter Uta die Gemahlin des Markgrafen Ekkehard II. von Meißen und Tochter Hazecha wurde die dritte Äbtissin von Gernrode. Graf Esiko hatte zwei Kinder, Adalbert und Adelheid. Adalbert zeugte zwei Söhne, Otto und Siegfried. Graf Adalbert wurde zwischen 1078 und 1083 von dem Edelherrn Egeno dem Jüngeren von Konradsburg ermordet. Adalberts Erbe gelangte an seine beiden Söhne. Otto bekam die Güter und die Grafenrechte im Schwabengau. Siegfried erhielt die Besitzungen im Nordthüringengau und die Grafschaft Orlamünde. Als die Mutter der beiden Brüder in zweiter Ehe Heinrich von Laach heiratete, wurde ihr Sohn Otto rheinischer Pfalzgraf. Ihm fielen alle Harzbesitzungen zu. 1106 nannte sich Otto erstmals Graf von Ballenstedt. Diesen Titel trugen nachfolgend noch sein Sohn Albrecht der Bär (etwa 1100–1170) und dessen Sohn gleichen Namens. Der Berühmteste aus dem Geschlecht der Askanier war Albrecht der Bär, Markgraf von Brandenburg und der Nordmark. Albrecht war der Eroberer Brandenburgs. Für seine konsequent betriebene Ostkolonisation wurde ihm die Markgrafenwürde verliehen. Damit verbunden war ein erheblicher Gebietszuwachs. An der Stelle des heutigen Schlosses Ballenstedt gründete Graf Esiko in unmittelbarer Nähe zu seiner Burg im Jahre 1043 ein Augustiner-Chorherrenstift. Dieses wurde durch Albrecht den Bären 1123 in ein Benediktinerkloster umgewandelt. Die Burg Askania und das Kloster befanden sich innerhalb der gleichen Mauern. Mit dem Einzug der Benediktiner in das vormalige Chorherrenstift bauten die Askanier eine neue Veste über dem Selketal, die Burg Anhalt. Ihre Stammburg nannten sie danach die Alte Burg. Albrecht der Bär bezeichnete sich bis 1134 als Graf von Ballenstedt.

Die Askanier spalteten sich in verschiedene Linien auf: Die einen nannten sich nach der neu errichteten Burg Grafen von Anhalt, aus denen die späteren Herzöge von Anhalt hervorgingen. Eine zweite war die brandenburgische Linie, die aber schon 1319 ausstarb. Eine dritte Linie, die Sachsen-Lauenburgische, erlosch 1689 und eine weitere, die

Schloss Ballenstedt.

Markgraf Albrecht der Bär.

Markgräfin Uta von Ballenstedt.

Sachsen-Wittenbergische, starb 1422 aus. Albrechts des Bären zweiter Sohn Hermann bekam von seinem Vater das Gebiet von Weimar-Orlamünde zur Verwaltung. Er nannte sich fortan Graf von Orlamünde. Im Jahre 1138 belehnte König Konrad den Askanier Albrecht den Bären mit dem Herzogtum Sachsen. Da erhebliche Gebiete der Askanier unmittelbar an die Besitzungen der Thüringer Landgrafen grenzten und beide bestrebt waren, ihre Territorien zu erweitern, kam es immer häufiger zu Auseinandersetzungen. Albrecht der Bär starb 1170 und wurde im Benediktinerkloster Ballenstedt zur letzten Ruhe gebettet. Das Kloster diente als Grablege der Askanier. Die Klosteranlage verlor in späterer Zeit immer weiter an Bedeutung, bis sich im Kloster und der Burg sogar eine ganze Zeit lang Wegelagerer eingenistet hatten und von hier aus die gesamte Umgegend unsicher machten. Als die beiden Fürsten Wilhelm und Friedrich von Meißen 1397 mit einer Streitmacht nach der Burg Hohnstein nordöstlich von Nordhausen zogen, um die dortigen Burginsassen wegen ihrer verwerflichen Umtriebe wieder zum Gehorsam zu zwingen, machten sie auf ihrem Weg einen Abstecher nach Ballenstedt, wo sie das Raubgesindel aus der Burg und dem Kloster vertrieben. Ob bei dieser Aktion die Veste zerstört oder beschädigt wurde, ist nicht bekannt. Zur Zeit des Bauernkrieges 1525 stürmten aufständische Bauern die Klosteranlage, an welcher erheblicher Schaden entstand. Durch die Vermittlung eines Dieners des Fürsten Wolfgang von Anhalt konnte das Niederbrennen des Klosters verhindert werden. Noch im gleichen Jahr übergab der Abt das Kloster an Wolfgang von Anhalt. Noch einmal nahm das einstige Kloster im Dreißigjährigen Krieg Schaden. Auf dessen Grundmauern wurde von 1765 bis 1863 das Schloss errichtet. 1858 entstand der Schlosspark. Von der einstigen mittelalterlichen Burg ist heute keine Spur mehr vorhanden. Möglicherweise fanden die Mauerreste bei den Bauarbeiten am Schloss mit Verwendung. Der Ort Ballenstedt hatte sich nur schwach um die Burg herum entwickelt und wurde noch 1457 als Flecken bezeichnet. 1543 erhielt er das Stadtrecht.

Berühmtheiten aus der Stammlinie der Grafen von Ballenstedt (Askanier)

Esiko, Graf im Schwabengau ist seit 1030 nachweisbar. Er gilt als Ahnherr der Grafen von Ballenstedt.

Gräfin Uta von Ballenstedt, Schwester des Grafen Esiko, Gemahlin des Markgrafen Ekkehard II. Als Stifterfiguren steht das Ehepaar unter weiteren namhaften Adligen im Naumburger Dom.

Otto, Graf von Ballenstedt war 1105 mit Ludwig dem Springer und weiteren bedeutenden Adelsherren Thüringens am Komplott Heinrichs V. gegen seinen Vater Heinrich IV. beteiligt.

Graf Adalbert von Ballenstedt wurde von Egeno oder auch Egino dem Jüngeren von Konradsburg getötet. Dieser Adlige hatte einen üblen Ruf weit über die Herrschaft Konradsburg hinaus. Die Gemarkung der Konradsburger grenzte unmittelbar an die Ländereien der Grafen von Ballenstedt. Die Konradsburg, der alte Stammsitz dieser Herren, befand sich östlich von Ballenstedt und südlich des Städtchens Ermsleben, das zur Herrschaft gehörte.

Albrecht der Bär, etwa 1100 bis 1170, Graf von Ballenstedt, Markgraf von Brandenburg und der Nordmark. Von Albrecht sind vier Söhne und eine Tochter bezeugt. Einer war Bischof von Brandenburg, ein zweiter war Graf Bernhard von Aschersleben. Ein dritter war Graf Hermann von Orlamünde und ein vierter Graf Dietrich von Werben. Die Tochter ist mit dem Namen Hedwig bekannt. Sie wurde die Gemahlin des Markgrafen von Meißen, Ottos des Reichen.

Graf Hermann von Weimar-Orlamünde hatte seinen Besitz von seinem Vater Albrecht dem Bären erhalten. Im Streit mit den Askaniern um deren zugefallenes Erbe Plötzkau belagerte der Thüringer Landgraf Ludwig III. 1172 die Burg in Weimar, den Sitz des Grafen Hermann von Weimar-Orlamünde. Der Landgraf ließ die Burg zerstören. Graf Hermann der Askanier nahm fortan seinen Sitz auf der Burg Orlamünde.

Fürst Leopold I. von Anhalt-Dessau, im Volksmund „der Alte Dessauer" genannt (1676–1747), trat 1693 in den Dienst des Großen Kurfürsten Friedrich III. von Brandenburg. Im Mai 1698 übernahm er die Regierung seines Kleinstaates. Nach dem Tode des Großen Kurfürsten diente er nacheinander dessen Nachfolgern, den Preußenkönigen Friedrich I. und Friedrich Wilhelm I., dem sogenannten Soldatenkönig. Bei Letzterem widmete er sich der Ausbildung der „Langen Kerls". Unter anderem führte Fürst Leopold den eisernen Ladestock und den preußischen Gleichschritt bei den Soldaten ein. Sein letzter Dienstherr war Friedrich II. von Preußen, der „Alte Fritz". Ihm half Leopold, seine ersten Feldzüge zu gewinnen.

Katharina II. (1762–1796), Prinzessin von Anhalt-Zerbst, wurde auch die Große genannt. Sie war mit dem russischen Thronfolger Peter III. verheiratet. Nach der Ermordung ihres Gatten, Zar Peter III., bestieg sie den Thron. Sie führte zwei erfolgreiche Kriege gegen die Türken, förderte Wissenschaft und Handel und war schriftstellerisch tätig.

Die zweite Gemahlin des Fürsten Karl Friedrich zu Bernburg, *Wilhelmine Charlotte*, erhielt 1719 das Lustschloss. Sie wurde in den Reichsgrafenstand erhoben und bekam den Titel Gräfin von Ballenstedt.

Die Konradsburg

Die Konradsburg liegt etwa 2,5 km südlich der kleinen Stadt Ermsleben zwischen Ballenstedt und Aschersleben auf einem in westlicher Richtung verlaufenden Bergsporn, dessen nördliche, westliche und südliche Seiten steil abfallen. Der Zugang liegt auf der allmählich ansteigenden Ostseite. Der Burgberg war schon in vorgeschichtlicher Zeit besiedelt, was zahlreiche Ausgrabungs-Fundstücke belegen. Bereits im 10. Jahrhundert hat auf dem Berg eine Burg existiert. Bei Grabungsarbeiten hat man Reste der Burgkirche und Grundmauern einer sehr starken Umfassungsmauer entdeckt. Wann genau die Konradsburg errichtet wurde und wer ihr Namensgeber war, ist nicht bekannt. Auch über das

Die Klosterkirche der Konradsburg.

Geschlecht der frühen Konradsburger ist nur wenig überliefert. In einer alten Thüringer Chronik aus dem Jahre 1613 steht geschrieben: „Anno 882 haben die Königlichen Stadthalter in Thüringen / Graf Poppo und Graf Egino ursach geben dass die Sachsen und Thüringer mit einander sind uneins worden / darüber sie auch zum schlagen kommen / darinnen die Sachsen ob gelegen / und die Thüringer nicht einen kleinen Schaden empfangen haben". 944 wurde ebenfalls ein Egino genannt. Eine Nachricht über die Edelherren von Konradsburg entstammt einer sächsischen Chronik aus dem Jahre 1117. Der Annalist berichtet: „Egeno der Ältere von Konradsburg zeugte den älteren Burchard, Burchard zeugte Egeno, welcher den Grafen von Ballenstedt (1078/83 bei dem Ort Westdorf) getötet hat, und er hatte zwei Töchter, von denen eine namens Gerburg den Folkmer von Domesleve heiratete und ihm Alverich oder Bernhard gebar [...] Egeno aber und Alverich von Kakelinge waren Brudersöhne." Burchard der Ältere wird im Jahre 1040 in der gleichen Chronik genannt. Egeno oder auch Egino der Ältere fand Erwähnung, als er im Jahre 1021 Tauschgeschäfte vornahm, die von Kaiser Heinrich II. (1002–1024) bestätigt wurden. Im Zusammenhang mit der Erhebung des sächsischen und thüringischen Adels gegen König Heinrich IV. (1107–1109) wird ein weiterer Burchard genannt. Nach 1120 verließen die Konradsburger ihre Burg und errichteten einige Kilometer entfernt im Selketal die Burg Falkenstein, nach der sie sich ab 1142 auch nannten. Die Ländereien der Konradsburger grenzten unmittelbar an den Besitz der Grafen von Ballenstedt. Beide Adelsfamilien hatten Besitzungen im Schwaben- und Nordthüringengau. Der dritte genannte Konradsburger war der berühmt-berüchtigte Egeno der Jüngere, auch Egino genannt. Er hatte den Grafen Adalbert von Ballenstedt getötet und den ehrbaren Otto von Nordheim beschuldigt, ihn angestiftet zu haben, König Heinrich IV. umzubringen und ihm für dieses Vorhaben ein Schwert ausgehändigt zu haben. Otto von Nordheim, Herzog von Bayern, war Führer des sächsischen Adels bei den Aufständen gegen König Heinrich IV.

Der König zwang Otto von Nordheim, einen Teil seines Besitzes in Sachsen abzutreten, um es dem Königsgut zuzuschlagen. Obendrein nahm ihm der König noch die bayerische Herzogswürde. Otto hatte aus diesem Grunde einen unbändigen Hass auf Heinrich IV. Ob nun Otto von Nordheim den Konradsburger Egeno den Jüngeren, der überall wegen seiner Schandtaten in schlechtem Ruf stand, angestiftet hatte, König Heinrich IV. umzubringen, konnte weder bestätigt noch widerlegt werden. Lampert von Hersfeld berichtet in seinen Annalen über Egeno den Jüngeren, er sei wegen seiner Schandtaten „übelberüchtigt". Weiter wird dieser Egeno als „durch und durch verruchter Mensch" charakterisiert. Diebstahl und Straßenraub wurden ihm zur Last gelegt. Zu dieser Zeit setzte König Heinrich IV. den Erzbischof Anno von Köln als Hüter von Recht und Gerechtigkeit ein. Dieser richtete Verstöße gegen das Recht ohne „Ansehen der Person". „Er ließ Egeno als Urheber so schweren Unheils für Herzog Otto von Nordheim und vieler privater Gewalttätigkeiten und Ausplünderungen vor dem König Klage gegen ihn erheben." Egeno wurde in Ketten gelegt und mehrfach dem Volke vorgeführt, um den Menschen das Königsgericht als streng und gerecht zu demonstrieren. 1073 wurde Egeno bei einem erneuten Raubzug von den Einwohnern überwältigt, gefangen genommen und geblendet. Der Räuber geriet bald in solche Armut, dass er von Haus zu Haus zog, um zu betteln. Nach 1083 wurde nichts mehr über ihn berichtet. Die nachfolgenden Familienmitglieder siedelten auf ihre neue Burg um, den Falkenstein. Im Jahre 1115 wurde die Konradsburg zu einem Chorherrenstift umgebaut. Dieses Chorherrenstift sollen die Konradsburger aus schlechtem Gewissen und als Wiedergutmachung für die Verbrechen, die Egeno begangen hatte, auf der Burg gegründet haben. Von der ursprünglichen Burganlage sind nur noch wenige Reste vorhanden. 1133 und 1151 ist ein Abt Adalbert erwähnt. 1141 nannte sich das Adelsgeschlecht letztmalig von Konradsburg. Das Chorherrenstift wurde in eine Benediktinerabtei umgewandelt. 1322 übergab Graf Burchard V. von Falkenstein die Vogteirechte über das Kloster Konradsburg dem Bistum Halberstadt. Am 5. Mai des Jahres 1525 stürmten und zerstörten aufständische Bauern das Kloster. 1526 siedelten die letzten Mönche von der Konradsburg nach Magdeburg um. 1530 kam die Konradsburg an den Kanzler Christoph Türk, der sie bis zu seinem Tode 1547 in Besitz hatte. Danach kam das Anwesen an den mit Christoph

Graf Adelbert.

Türk verwandten Heinrich von Hoym. 1567 wurde das Lehen über Ermsleben für die Herren von Hoym erneuert. 1693 hatte man verschiedene Um- und Ausbauten auf der Konradsburg vorgenommen. Eine Wohnung für den Verwalter wurde eingerichtet. Die Familie von Hoym wohnte nur noch auf dem Schloss in Ermsleben. 1713 kaufte der preußische Staat die Konradsburg und baute sie zu einer Domäne aus. 1804 bis 1805 entstand das Brunnenhaus neu. 1827 berichtete man, dass die alte Klosterkirche als Scheune benutzt würde und die darunterliegende Krypta kurz zuvor noch als Schweinestall gedient hätte. Eine große neue Scheune mit Buckelquadermauerwerk entstand 1864 auf der Nordseite des Geländes.

Nach dem Ende des Zweiten Weltkrieges 1945 hatten die staatlichen Behörden die Domäne aufgelöst. In den Gebäuden wurden fünf Neubauernfamilien untergebracht. Das alte Kirchgebäude nutzte die katholische Kirche von Aschersleben für ihre Gottesdienste. 1931 hatte man das hochmittelalterliche Steinrelief mit der Darstellung eines Herrscherpaares (Königspaar?) aus der Wand der Nordscheune entnommen und in die Kirche umgesetzt. Das Relief hat eine Größe von 80 x 50 cm. Ein 46 m tiefer Brunnenschacht der alten Konradsburg ist noch erhalten geblieben. Das Wasser wurde mittels eines mächtigen, durch einen Esel in Gang gesetzten Holzrades nach oben befördert. Es war ein sogenanntes Eseltretrad, das heute noch funktionstüchtig und zu besichtigen ist. Die Gebäude, die im 18. und 19. Jahrhundert für landwirtschaftliche Zwecke entstanden waren, gingen in den 1970er-Jahren dem Verfall entgegen. Aus einer 1982 entstandenen Bürgerbewegung entstand 1990 der Förderkreis Konradsburg e.V., der sich um den Erhalt des alten Mauerwerks bemüht. Die Konradsburg gehört heute zur Stiftung Dome und Schlösser in Sachsen-Anhalt. Auf der Konradsburg wohnen drei Familien. Sie betreiben die Informationsstelle und übernehmen die Führungen durch die Burg. Auf der östlichen Seite der Konradsburg steht auf einer Hochebene die alte Burgmühle, eine Windmühle. Sie befindet sich in bestem Zustand und ist ebenfalls zu besichtigen. Wie der Name Konradsburg entstanden ist, kann heute nicht mehr beantwortet werden. Ob die Burg eine Gründung des ostfränkischen Königs Konrad I. (König seit 911) gewesen ist, zum Schutze seiner Besitzungen im Harz, ist nicht belegt, aber möglich. Schon zur Zeit Karls des Großen (768–814) wurde der Harz fränkisches Krongebiet. Zur Sicherung dieses Besitzes legten die Franken Siedlungen an und errichteten Burgen und christliche Bauwerke. Wenn die Konradsburg tatsächlich unter der Herrschaft König Konrads I. entstanden ist, könnte der 944 genannte Egino schon hier gelebt haben. Egino ist vermutlich der Vorfahre der Herren von Konradsburg, denn 1021 und 1076/83 werden zwei weitere Eginos oder Egenos genannt. Da aber nichts aus der Entstehungszeit der Burganlage überliefert ist, kann alles nur als Spekulation angesehen werden.

Die alte Burgmühle.

Burg Falkenstein am Harz

Die Burg Falkenstein liegt südöstlich von Ballenstedt auf einem Berghügel des Selketales, nördlich der Gemeinde Pansfelde im Unterharz und südlich der Selke. Erbaut wurde sie um 1120 von den Herren von Konradsburg. Nach Fertigstellung der neuen Veste siedelten sie auf diese um und nannten sich ab etwa 1140 *von Falkenstein*. Burg Falkenstein hatte 1,5 km selkeaufwärts auf der gegenüberliegenden Seite des Tales eine Vorgängerburg, den Alten Falkenstein. Die Wirren der Auseinandersetzungen des thüringischen und sächsischen Adels mit Kaiser Heinrich V. nutzte die Burgbesatzung des Alten Falkenstein, um sich durch Wegelagerei und Raubüberfälle in der gesamten Region zu bereichern. Aus diesem Grund zog der Herzog von Sachsen, vormals Graf von Supplinburg und später König und Kaiser von Deutschland, im Jahre 1115 mit einer Streitmacht vor diese Raubritterburg, ließ sie belagern, erstürmen und niederreißen. Ein sächsischer Chronist berichtet, dass Herzog Lothar den Falkenstein 1115 zerstört habe, „zum Schaden des Grafen Herimann Valkenstein und Walehusen wegen der dort verübten Räubereien und Plünderungen". Im gleichen Zeitraum wurde auch Wallhausen zerstört.

In Wallhausen soll bis 1115 eine Burganlage gestanden haben, die samt dem Ort zu jener Zeit dem Grafen Herimann von Falkenstein und Wallhausen gehörte und 1115 von sächsischen Truppen zerstört wurde. Danach gelangte der Besitz an eine Ritterfamilie, die sich nach dem Ort von Wallhausen nannte. Später entstand hier ein Schloss, das den Herren von Asseburg gehörte. Historiker sind sich bis heute nicht einig, welche der beiden Falkensteinburgen als Raubnest 1115 zerstört wurde. Vieles spricht jedoch dafür, dass es der Alte Falkenstein war, weil der Bau des neuen Falkenstein erst um 1120 erfolgt sein soll. Auch wird der Burgherr des Alten Falkenstein, Herimann, als Graf genannt. Die Herren des neuen Falkenstein hatten um 1115 noch keinen Grafentitel. Der Erste aus diesem Geschlecht war Burchard II., er ist nachweisbar von 1141–1174. Diese neuen Falkensteiner entwickelten sich bald zu einem angesehenen Grafengeschlecht. Sie besaßen die Schutzvogtei über das Stift Quedlinburg und prägten verschiedene eigene Münzen von sehr guter Qualität, sogenannte Brakteaten, von denen bis heute eine ganze Anzahl Exemplare erhalten geblieben ist.

1233 war ein bedeutendes Jahr für den Falkenstein. Zu dieser Zeit weilte Eike von Repgow bei dem Burgherrn Hoyer II. von Falkenstein, mit dem ihn ein freundschaftliches Verhältnis verband. Auf der Burg verfasste Eike einen Teil seines Gesetzeswerkes „Der Sachsenspiegel". Nach eigener Aussage hat er die ursprüngliche Fassung des

Burg Falkenstein.

Sachsenspiegels, die in Latein verfasst war, auf Bitten Graf Hoyers II. in die deutsche Sprache übersetzt. Der Sachsenspiegel ist das bedeutendste der deutschen Rechtsbücher. Den gesamten Sachsenspiegel schrieb Eike von Repgow zwischen 1220 und 1235 in deutscher Sprache. Er nahm für dieses Werk das im Raum Sachsen verbreitete Land- und Lehnrecht

Eike von Repgow. Abbildung vom ersten Bildstreifen der Wolfenbüttler Bilderhandschrift des Sachsenspiegels.

Gedenkstein für Eike von Repgow. ▸

als Grundlage. Die Originalfassung des Sachsenspiegels ist leider verschollen, es gibt aber rund 470 Abschriften. Eine davon entstand um 1450 im Raum Meißen als Dresdener Bilderhandschrift. Sie gehört mit der farbigen Buchmalerei zu den bekanntesten und schönsten Abschriften. Eine weitere bekannte Abschrift ist die Heidelberger Bilderhandschrift, der Codex Palatinus Germanicus der Universitätsbibliothek Heidelberg aus dem Jahre 1330. Er gilt als die älteste Abschrift. Herrlich illustriert ist eine dritte Variante, der Wolfenbüttler Sachsenspiegel. Um 1275 entstand der Schwabenspiegel als wichtigstes süddeutsches Rechtsbuch des feudalen Land- und Lehnrechts, in enger Anlehnung an den Deutschenspiegel und den Sachsenspiegel. Zum Gedenken an die Anwesenheit des Eike von Repgow auf der Burg Falkenstein wurde vor der Burg ein Gedenkstein mit Bronzetafel gesetzt.

Graf Burchard V. war der letzte Herr von Falkenstein. Er hatte keine männlichen Nachkommen. Aus diesem Grunde schenkte er im Jahre 1332 der Halberstädter Kirche seine Schlösser Falkenstein und Ermsleben mit allem Zubehör. Er behielt lediglich den Lindberg und den Hohnberg zur eigenen Nutzung. Um seinen Lebensabend abzusichern,

Äußeres Eingangstor der Burg Falkenstein.

Inneres Eingangstor.

stellte Graf Burchard der Kirche folgende Bedingungen für seine Schenkung: eine Leibrente und das Wohnrecht auf dem freigewordenen Hof des verstorbenen Domdechanten Heidenreich. Burchard trat selbst dem geistlichen Stand bei. 1385 verpfändete der Bischof von Halberstadt den Falkenstein für 800 Mark Silber den Brüdern von Rode, von diesen kam der Besitz als Pfand an die Grafen von Mansfeld und 1437 als Pfand und 1449 als erbliches Lehen an die Herren von Asseburg. Diese hatten den Besitz bis 1945 und verloren ihn durch Enteignung im Rahmen der Bodenreform. Der größte Teil der Burganlage mit dem 23 m hohen Turm entstand nach 1140. Der starkwandige Bergfried ist nach der östlichen Seite tropfenförmig zugespitzt. Dies hatte den Vorteil, dass bei Beschuss von der östlichen Seite die Kugeln zu den Seiten abprallten. Weitere An- und Umbauten gab es 1491, 1550–1604 und im 19. Jahrhundert. Die Ringmauer verläuft in einem abgerundeten Bogen auf der östlichen Seite. 1542/43 wurde sie als Schildmauer bis zu 4 m verstärkt und ähnlich dem Turm auf der Ostseite spitz auslaufend, um auch hier bei Beschuss die Kugeln abgleiten zu lassen. Mehrere Gräben auf der östlichen Seite der Veste schützten die Anlage vor Angreifern.

Burg Arnstein

Otto IV. von Falkenstein (1270–1323) war mit Luitgard von Arnstein verheiratet. Luitgards Bruder Walther IX. von Arnstein trat 1292 dem Deutschen Orden bei und vermachte seinen Besitz über die Herrschaft Arnstein mit der gleichnamigen Burg und Hettstedt seinem Schwager Otto IV. und dessen Bruder Volrad. Die Falkensteiner bekamen damit einen erheblichen Gebietsbesitz.

Die Burg Arnstein liegt oberhalb der Gemeinde Sylda, östlich des Falkensteins. Der Arnstein wurde erstmals 1135 als „von Arnisteyn" erwähnt. Der 20 m hohe Wohnturm hat vier Stockwerke und eine Grundfläche von 10,3 x 19,7 m. Der Wohnturm ist kombiniert mit dem runden, 23 m hohen Bergfried. Dieser hat einen Durchmesser von 8 m und eine Mauerstärke von 2,7 m. Die schöne Ruine ist schon von Weitem sichtbar.

Burgruine Arnstein.

Burg Stiege

Über die Burg Stiege ist aus der Zeit des Mittelalters nur sehr wenig überliefert. Den Harz beherrschten damals die Grafschaften Regenstein, Hohnstein, Stolberg und Mansfeld. Zu den Besitzungen der Blankenburg-Regensteiner Grafen gehörte u.a. auch Burg Stiege, die oberhalb einer wichtigen Handelsstraße auf einem Bergsporn zwischen Hasselfelde und Günthersberge lag. Sie gehörte zu einer Kette von Burganlagen, welche die vorüberführende Straße kontrollierten und überwachten. Kaiser Otto IV. (um 1175–1218) gab die Stiege und den Ort Selkenfelde den Grafen von Blankenburg für geleistete Waffenhilfe zum Lehen. Somit gelangten auch die verwandten Regensteiner in den Besitz der Burg Stiege. Die Grafen von Regenstein, die als Raubritter des Harzes berüchtigt waren, betätigten sich auch auf der Burg Stiege als Wegelagerer. Sie machten durch ihre Raubzüge weite Teile des Unterharzes unsicher. Später bestimmten sie ihre Burg zum Witwensitz. Die Burganlage Stiege war nicht sehr groß: Sie erstreckt sich von Südwest nach Nordost, wo sich auch der Zugang zur Burg befindet. Die Anlage besteht aus einem halbrunden Wohnturm, Palas, Hof und ovaler Ringmauer. Der Zugang führte über einen breiten Burggraben, der sich im Kreisbogen von der Nordost- bis zur Südostseite erstreckte. Die kleine Burg soll schon im Jahre 941 erwähnt worden sein, ein zweites Mal 1205. Urkundlich wird sie 1329 als „to deme Styghe“ genannt. Die Grafen von Blankenburg-Regenstein bauten später die Burg zu einer Schlossanlage, einem Jagdschloss, aus. Zur Zeit des Nationalsozialismus wurde das Schloss genutzt, während der DDR-Zeit diente es als Feierabendheim. Heute ist das Schloss in gutem Zustand und befindet sich in Privatbesitz. Es ist eine Zierde des Ortes Stiege.

Burg Stiege.

Die Heinrichsburg im Unterharz

Die Ruinenreste des berüchtigten Raubritternestes Heinrichsburg befinden sich auf einem Bergsporn nördlich von Mägdesprung, links der Straße nach Ballenstedt. Anfang des 13. Jahrhunderts hatte Heinrich von Gatersleben die Heinrichsburg zum Schutz der alten Handelsstraße nach Ballenstedt errichtet. Die Veste bekam den Namen ihres Erbauers. Die erste Erwähnung der Burg ist für das Jahr 1269 bezeugt. Zeitweise war die Heinrichsburg im Besitz derer von Mohrungen. Im Jahre 1333 gelangte die Burganlage an eine Seitenlinie der Grafen von Stolberg. Die neuen Burgherren verkamen zu Raubrittern. Der Raubgraf war von den durchreisenden Handelsleuten gefürchtet. Es gab kaum einen Kaufmannszug oder Reisenden, der nicht von den Wegelagerern überfallen wurde. Im Jahre 1344 kam das Ende dieser Raubritterburg und seiner räuberischen Insassen. In der „Mansfeldischen Chronica" von Cyriacus Spangenberg steht geschrieben: „Anno 1344 sind die Grafen zu Hohnstein, Dietrich und Heinrich und deren Söhne Bernhard und Heinrich vor die Heinrichsburg auf den Harz gezogen und haben diese gestürmt und erobert und die Straßenräuber, die sie darauf gefunden, gerichtet." In anderen Schriften wird berichtet, dass auch die Bürger der Stadt Nordhausen an der Erstürmung und der Zerstörung der Heinrichsburg beteiligt waren. Die Beute der Strauchritter blieb trotz intensiver Suche der Sieger zum größten Teil verschollen. Die Raubgesellen hatten ihre erbeuteten Schätze nicht auf ihrer Burg versteckt, sondern außerhalb der Burgmauern, denn sie mussten immer damit rechnen, dass die Burg irgendwann gestürmt und ihr geraubter Schatz in die Hände der Eroberer fallen würde. Die Erstürmung der Heinrichsburg muss für die Burginsassen völlig überraschend gekommen sein, sonst hätten sie ihre Veste rechtzeitig verlassen und nach deren Zerstörung irgendwann die Beute wieder ausgegraben. Da bei der Erstürmung alle Räuber gerichtet worden sind, blieb ihre Beute in der Erde verborgen. Für die folgenden Jahrhunderte nach der Zerstörung der Burg sind mehrere Goldfunde in der näheren Umgebung der Ruine überliefert. Von der Heinrichsburg sind nur noch wenige Mauerreste, Reste des Bergfrieds und verschiedener Gebäude sowie des Burgbrunnens erhalten geblieben. Unterhalb der Burg sollen angeblich Gänge in das Burginnere führen. Das Gelände um die Burg wurde wegen seiner seltenen Pflanzen unter Naturschutz gestellt.

Ruine Heinrichsburg im Unterharz.

Die Erichsburg

Die Erichsburg liegt zwischen den Orten Güntersberge, Harzgerode und Friedrichsbrunn im Unterharz. Im Mittelalter führte unmittelbar an der Burg eine wichtige Handelsstraße von Hasselfelde kommend über Stiege, Güntersberge und Siptenfelde bis zur Erichsburg und weiter. Es war eine sogenannte Hohe Straße, auf der auch Fürsten und Könige entlangzogen. Die hatten im 13. Jahrhundert die Herren von Gatersleben als Zoll- und Schutzburg auf einem Bergsporn unweit der Straße errichtet. Zu Beginn des 14. Jahrhunderts gelangte die Burg an eine Nebenlinie der Grafen von Stolberg. Diese Herren verkamen zu Wegelagerern und Raubrittern. Sie zogen im weiten Umfeld zu Raubzügen aus. Die Stolberger Chronik berichtet: „In diesem Jahre 1345 hielt sich Graf Hermann von Stolberg auf seinem dem Erichsberge auf, dem Harz, zwischen Harzgerode und Gernrode gelegen und raubte von da aus die vorüberwandernten aus und tat auch den benachbarten Herren und den Grafen zu Schwarzburg und denen von Nordhausen und Quedlinburg großen Schaden." Der Graf der Erichsburg und seine Gesellen fielen des Öfteren brandschatzend und plündernd in das Gebiet des Grafen von Sondershausen ein und richteten jedes Mal große Schäden an. Der Herr von Sondershausen war nicht in der Lage, sich der starken Räuberbande entgegenzustellen und sie aus seinem Lande zu vertreiben. Er sah keinen anderen Weg, als sich an den Thüringer Landgrafen Friedrich II. (1324–1349) zu wenden, um den Raubrittern das Handwerk zu legen. Innerhalb kurzer Zeit stellte der Landgraf eine schlagkräftige Streitmacht zusammen und rückte vor das Raubschloss Erichsburg. In seinem Gefolge befanden sich Streiter aus Nordhausen, Mühlhausen, Quedlinburg und Erfurt, des Weiteren zwei Grafen von Hohnstein, Graf Heinrich von Schwarzburg sowie Konrad von Tonna. Nach kurzer Belagerung wurde das Raubnest gestürmt und die Burgbesatzung gefangen genommen. Unter den Gefangenen befanden sich ein Graf von Stolberg und ein Ritter von Witerden (Witterda). Der Ritter wurde an Ort und Stelle mit dem Schwert gerichtet. Die anderen 30 Räuber hängte man kurzerhand an den umstehenden Bäumen auf. Die Burganlage rissen die Sieger bis zum Grunde nieder.

In Spangenbergs „Mansfeldische[r] Chronica" aus dem Jahre 1572 steht geschrieben, dass Graf Hermann von Stolberg als Raubritter schlimmster Art keinen schonte und sein Handwerk trieb, bis der Landgraf von Thüringen gemeinsam mit Bürgern aus Erfurt, Mühlhausen und Nordhausen das Raubnest an der überregional wichtigen Handels- und Heerstraße ausnahm und strengstes Gericht hielt. Graf Hermann musste sich verpflichten, die Erichsburg niemals wieder aufzubauen. Seither liegt die Burg in Trümmern. Von der einstigen Veste sind nur noch wenige Reste des Mauerwerkes erhalten geblieben, wie die eines runden Bergfrieds, eines Wohngebäudes und eines Wohnturms. Ein großes Mauerteil war bei der Zerstörung der Burg in den Wallgraben gestürzt, wo es noch zu sehen ist. Auf dem Burgplateau der Kernburg kann man noch Grundmauerreste feststellen. Sie sind teilweise von einer Grasnarbe überdeckt. Die Burg bestand aus Vorburg und Kernburg. Auf dem Gelände der Ersteren sind keinerlei Mauerreste mehr vorhanden. Beide Anlagen waren mit tiefen Gräben umgeben, welche noch heute sichtbar sind. Das Plateau der Vorburg liegt etwas tiefer als die Kernburg. Auf der Südostseite fällt der Burgfelsen sehr steil in die Tiefe ab. Die einstige bedeutende Handelsstraße ist von Siptenfelde aus bis zur Erichsburg nur noch als Waldweg vorhanden.

Ruinenreste der Erichsburg.

Die Staufenburg bei Gittelde

Die Staufenburg war eine Reichsburg und wurde um 1050 auf einem nach Süden vorspringenden Bergkegel, dem etwa 2,5 km von Gittelde entfernten Großen Schmalberg, errichtet. Bauherren waren die Grafen von Katlenburg. Die Burganlage stand auf Reichsgut, in unmittelbarer Nähe zur alten Liesgauer Heerstraße. Die Grafen von Katlenburg waren Reichsvögte. Die Burg diente dem Schutz und der Kontrolle der Straße sowie der entstandenen Bergwerke und Hüttenorden von Gittelde. Um 1130 starben die Grafen von Katlenburg aus und die Burganlage kam an das Adelsgeschlecht der Welfen und damit an den Herzog Heinrich den Löwen. Als dieser bei Kaiser Friedrich I., Barbarossa, in Ungnade gefallen war, weil er sich dessen Feldzug nach Italien verweigert hatte, wurde dem Herzog die Staufenburg abgenommen und Kaiser Barbarossa neuer Eigentümer. Später bekam Herzog Heinrich der Löwe die Veste wieder zurück. Vor dem Besitzerwechsel der Burganlage der Grafen von Katlenburg an Herzog Heinrich den Löwen saß schon eine Ministerialen-Familie auf der Burg mit Namen Staufenburg. 1130 wurde ein Ministeriale „Gerberdusde Stouphenburch“ genannt. Nach dieser Dienstmannenfamilie wurde die Burg seither benannt. Nach einem jahrhundertelangen Streit zwischen Welfen, dem Kaiserhaus und kirchlichen Instanzen, kam die Staufenburg ab etwa 1429 endgültig in den Besitz der Welfen. Von 1495 bis 1522 war die Burg Witwensitz der Herzogin Elisabeth. Von 1524 bis 1541 diente die Veste dem Herzog Heinrich dem Jüngeren als Liebesnest, welches noch Erwähnung findet. In der Folgezeit wurde die Burg für die Schwester des Herzogs Julius, Margarete, zum Ruhesitz. Später war sie viele Jahre Staatsgefängnis der Welfen.

1713 wurde der Amtssitz von der Burg in die im Tal liegende Domäne verlegt. Seit dieser Zeit ging die alte Staufenburg dem Verfall entgegen. Ein schöner Kupferstich aus dem Jahre 1654 von Merian zeigt sie noch in gutem Zustand. Bis 1778 wurden noch intakte Räume der zerfallenden Burganlage als Gefängnis genutzt. Im 18. Jahrhundert missbrauchte man die Ruine als Steinbruch. Von der abgerissenen Burganlage sind noch einige Reste erhalten geblieben. Im Eingangsbereich auf der Nordostseite sind auf beiden Seiten die Sockel zweier halbrunder Türme mit angebundenen Mauerresten vorhanden. Auf der linken Seite sind Reste der 1,5 m starken Ringmauer mit Stützpfeilern und Grundmauern von Gebäuden vorhanden. Auch auf der rechten Seite des Burggeländes sind Grundmauerreste von Wohngebäuden sichtbar. Der größte Mauerrest ist jedoch der rechteckige Stumpf des ehemaligen Bergfrieds. Er hat eine Höhe von 2,80 m und Seitenlängen von 6,95 m und 5,60 m. Die Mauerstärke beträgt 1,95 m. Der Bergfried wurde genau von der Kante des

Die Staufenburg 1654 nach Merian.

Burgplateaus zum Abhang des Berges errichtet, um dadurch mehr Platz auf dem schmalen Burghof zur Verfügung zu haben. Eine weitere Staufenburg bei Zorge wurde erstmals im Jahre 1243 urkundlich erwähnt und 1253 zerstört.

Herzog Heinrich und die heimliche Liebschaft mit einer Hofdame

Von 1524 bis 1541 spielte sich auf der Burg eine Romanze ab, über die bis heute geschmunzelt wird. Herzog Heinrich der Jüngere von Braunschweig hatte sich damals in eine Hofdame seiner Gemahlin verliebt, Eva von Trott. Als diese Liebschaft bekannt geworden war, musste sich der streng katholische Herzog auf Drängen seiner Familie von der Geliebten trennen. Die Hofdame verließ die Burg und war auf dem Weg in ihre hessische Heimat, als sie in Clausthal plötzlich schwer erkrankte. Sie wurde auf schnellstem Wege nach Gandersheim, über das die Braunschweiger Herzöge die Landeshoheit besaßen, gebracht, wo sie nach kurzer Zeit verstarb. Man sagte, sie sei an einer sehr ansteckenden Krankheit gestorben. Aus diesem Grunde wagte sich niemand nahe an den Sarg heran, in dem sie aufgebahrt lag. So fiel es nicht auf, dass im Sarg eine lebensgroße Puppe lag, die der begabte und bekannte Schnitzer und Bildhauer Simon Stappen aus Braunschweig im Auftrag Herzog Heinrichs des Jüngeren unter strengster Verschwiegenheit angefertigt hatte und der Hofdame zum Verwechseln ähnlich sah. Die Puppe wurde feierlich zu Grabe getragen und bestattet, ohne dass der Schwindel bemerkt wurde. Damit war die Staatsaffäre des Hauses Braunschweig im wahrsten Sinne des Wortes aus der Welt geschafft. Der Herzog beschäftigte sich in den folgenden Jahren eifrig mit dem Ausbau der Bergwerke im Harz. Dies bewerkstelligte er größtenteils auf der Staufenburg. Ein alter Burgvogt und dessen hübsche Tochter kümmerten sich liebevoll um sein Wohl. Die junge Frau war keine andere als die angeblich verstorbene Geliebte des Herzogs, Eva von Trott. Mit ihr zeugte er auf der Burg zehn Kinder, die vom Herzog bestens versorgt und als Herren von Kirchberg bekannt wurden.

„Die Evalinde“

Auf einem rundlichen Felsen rechts vor dem Eingang der Burg, unmittelbar vor dem Burggraben, steht der mächtige Stamm einer alten gewaltigen Linde. Drei riesige Äste sind vom Stamm abgebrochen und liegen am Boden. Der Stamm hat einen neuen

Turmstumpf der Staufenburg.

Halbrunder Turm am Burgzugang.

armstarken Ast hervorgebracht und lebt dadurch weiter. Diese jahrhundertealte Linde wird im Volksmund „Evalinde" genannt, zur Erinnerung an die hübsche Geliebte des Braunschweiger Herzogs Heinrich. Noch vor nicht allzu langer Zeit überragte die Linde alle Bäume des Burgberges und war weithin zu sehen.

Die Geschichte der Burg Scharzfels

Die Burg Scharzfels war eine mittelalterliche Burganlage, die im 10./11. Jahrhundert entstand und im Laufe der späteren Jahrhunderte mehrfach um- und ausgebaut wurde. 1132 wurden die späteren Grafen „de Scartvelt“ als königliche Dienstmannen genannt. 1203 wurde die Burg als „castrum Scartuelt“ bezeichnet. Sie war eine Reichsburg und kam durch Tausch von Kaiser Barbarossa an den Welfenherzog Heinrich den Löwen. Als dieser beim Kaiser in Ungnade gefallen und in die Verbannung geschickt worden war, nahm ihm Barbarossa die Burg wieder ab. Nach seiner Rückkehr ins Reich bekam der Herzog Burg Scharzfels wieder zurück. Sie blieb beim Geschlecht der Welfen, bis zum Übergang Hannovers an Preußen. Die Veste galt im Mittelalter als uneinnehmbar. Die Burganlage entstand an und auf einem von natürlichen Höhlungen durchsetzen Dolomitfelsen. Beim Anlegen des Zugangstunnels zur Oberburg nutzte man die Höhlen als Wohn- oder Lagerräume. Die Burganlage bestand aus Unter- und Oberburg. Die erstere wurde

Tor zur Unterburg nach einer Abbildung von Merian, 1654.

Treppenaufgang zur Oberburg.

durch eine imposante Toranlage nebst einem vorgelagerten Graben mit Zugbrücke und einer Palisadeneinfassung geschützt. Auf der Unterburg befanden sich Ställe und Wirtschaftsgebäude. Zur Oberburg führte eine in den Kalkfels gehauene Treppe entlang der Felswand, von der Unterburg empor zu einem durch den Fels gehauenen 15 m langen Tunnel, der ebenfalls durch ein Tor gesichert war. Der Tunnel mündete auf einem sehr schmalen Burghof. Die Bauwerke der Oberburg standen auf engem Raum dicht an dicht zusammen: der Palas, später Zeughaus, das Gebäude der Landesverwaltung mit dem Gefängnis, dahinter der mächtige Bergfried, der über 650 Jahre ohne Bedachung war (Durchmesser = 9 m, Mauerstärke = 2 m), des Weiteren die Burgkapelle und das von der Unterburg bis zur Oberburg aus mehreren Etagen bestehende Brunnenhaus, in dem sich das mächtige Holztretrad zum Emporziehen des schweren Wasserkübels befand. Der Brunnenschacht hatte eine Tiefe von 23 m. Ab dem Jahre 1734 begann auf der Burg ein umfangreicher Um- und Ausbau zu einem königlich-hannoverschen Staatsgefängnis. Im Siebenjährigen Krieg (1756–1763) konnten die Franzosen die von nur wenigen Invaliden verteidigte Burg einnehmen. Sie wurde dem Feind am 25. September 1761 übergeben und am 30. September gesprengt. Kein Bauwerk hat diese gewaltsame Zerstörung überstanden. Der letzte König von Hannover, Georg V., ließ die baufällig gewordene alte Treppe in neuer Form mit zinnenbewehrtem Torturm zur Oberburg von 1857 bis 1860 errichten. Schon bald begann der Torturm zu bröckeln, bis er vollends 1959 einstürzte. Die danach verfallende Treppe wurde 1998 restauriert.

Die tollkühne Flucht der Eleonore von Knesebeck aus dem hannoverschen Staatsgefängnis der Burg Scharzfels

Die ganze Geschichte nahm ihren Anfang mit einer heimlichen Liebschaft der Prinzessin Sophie Dorothea von Celle, Ehefrau des Kurprinzen und späteren Königs von England und Kurfürsten von Hannover, Georg I., zu dem schwedischen Grafen Philipp-Christoph von Königsmarck. Die Kammerzofe der Prinzessin, Eleonore von Knesebeck, aus altem braunschweigischem Geschlecht, diente den beiden Liebenden als Vermittlerin. Die Prinzessin und Königsmarck hatten ihre Affäre im Leineschloss zu Hannover. 1694 flog das Ganze auf. Graf Königsmarck wurde im Schloss ermordet und die Prinzessin nach von Georg I., ihrem Ehemann, erzwungener Scheidung auf das Cellische Wasserschloss bei Gifhorn verbannt. Die Kammerzofe Eleonore von Knesebeck ließ der betrogene und gehörnte Ehemann Georg I. ohne Gerichtsverfahren, Anklage oder Verurteilung zur lebenslänglichen Isolierungshaft in das kurfürstlich hannoversche Staatsgefängnis auf der Burg Scharzfels bringen. Sie wurde auf der Oberburg in den obersten Stock des Gefängnisses eingesperrt. Die Liebesaffäre hatte an den Grundfesten des Fürstentums und am Ansehen des Herrschers gerüttelt, dem seine Gemahlin Hörner aufgesetzt hatte. Drei lange Jahre hatte die Kammerzofe in ihrer Zelle auf der Burg zugebracht, bis die Rettung nahte. Der Retter und Held der Kammerzofe Eleonore von Knesebeck war der Dachdecker Hans Veit Reutsch aus Herzberg. Anfang Oktober des Jahres 1697 saß er im Wirtshaus von Herzberg und hatte geäußert: „Der Vogel auf dem Scharzfels wird in diesem Monat noch ausfliegen." Am Sonntag, dem 3. November kaufte der Dachdecker auf dem Markt in Gieboldehausen eine Menge Hanfseile. Am Montag arbeitete er nicht. In der nun folgenden Nacht erstieg er den für unersteigbar geltenden Felsen, überwand die Mauern und drang unbemerkt auf den Dachboden des Gefängnisses vor. Er wusste genau, in welchem Raum die Zofe gefangen gehalten wurde. Über der Gefängniszelle brach er ein Loch durch die Zimmerdecke der Gefangenen und ließ ein Seil mit einer Schlinge hinab. Die Dame stieg in die Schlinge und wurde durch die kräftigen Arme des Dachdeckers nach oben gezogen. Dann ging es über den langen Dachboden des Zeughauses bis zum Bergfried. Von hier seilten sich die beiden 20 m tief in den Burggraben ab, wo schon ein Reitpferd für die Zofe bereit stand. Es war noch früh am Morgen und noch dunkel, als die Flüchtende mit vier Begleitern in gestrecktem Galopp über Hattdorf, Osterode umgehend bis nach Gittelde ritten. Von hier ging es bis nach Seesen wo schon eine Kutsche auf die Dame wartete die sie bis nach Braunschweig brachte. Von hier reiste sie weiter bis in das Königreich Sachsen, wo sie sicher war. Die Flucht der Zofe wurde erst am Mittag bemerkt.

König Heinrich IV. schändet die Herrin der Burg Scharzfels

In der Zeit, als König Heinrich IV. vom Adel die zu unrecht erworbenen Reichsgüter wieder zurückforderte, um dessen Macht und Einfluss zurückzudrängen, hatte er sich viele Feinde geschaffen. Der Adel verbündete sich mit den Bauern Thüringens und Sachsens, die harte und unerträgliche Frondienste beim Burgenbau des Königs leisten mussten, gegen den König. Gerüchte über dessen unsittliches und ausschweifendes Privatleben wurden in Umlauf gesetzt, um das Volk gegen den Herrscher aufzuwiegeln. Es ist bekannt, das Heinrich IV. mit seiner Gemahlin in keinen guten ehelichen Verhältnissen lebte und er sich von seiner Gattin scheiden lassen wollte. Es wurde erzählt, dass er auf seinem Lieblingssitz, der

Zugangstunnel zum Burghof.

mächtigen Harzburg, sich mit „losen Weibern" vergnüge. Von der Burg Scharzfels ist Folgendes überliefert: Auf der Burg lebte zu jener Zeit ein Ritter, Albrecht von der Heiden. Der Ritter hatte eine junge, außergewöhnlich hübsche und liebreiche Frau und genoss überall im Volke großes Ansehen. Er wäre der glücklichste Mensch der Welt gewesen, wenn nicht bei einer Festlichkeit in der Kaiserpfalz Goslar König Heinrich IV. die schöne Dame gesehen hätte. Bei ihrem Anblick entbrannte im König ein unstillbares Verlangen nach der jungen Frau. Er fand bei Tag und Nacht keine Ruhe mehr. Unentwegt sann er darüber nach, wie er die schöne Dame wiedersehen könnte. In seine Überlegungen zog er einen Mönch aus dem Kloster Pöhlde, unweit der Burg Scharzfels, mit ein. Dieser Gottesmann versprach dem König, bei seinem Vorhaben behilflich zu sein. Auf den Rat des Mönches hin zog der König mit großem Gefolge zum Kloster Pöhlde, wo er und seine Begleiter aufgenommen und verköstigt wurden. Alsbald bestellte König Heinrich den Ritter der Burg Scharzfels zu sich in das Kloster und gab ihm einen Auftrag, der ihn einige Tage von seiner Burg fernhalten sollte. Der König nutzte die Abwesenheit des Ritters, um eine Jagd in den Wäldern nahe der Burg Scharzfels abzuhalten. Als am späten Nachmittag ein starkes Gewitter über die Berge zog, eilte der König auf schnellstem Wege zur Burg Scharzfels und begehrte Einlass und Obdach von der schönen Burgherrin. Diese nahm den hohen Gast mit aller Ehrerbietung, die ihm zukam, in der Burg auf, nichtsahnend, was er im Schilde führte. In der Nacht stand der König von seinem Lager auf und drang, geführt von dem Mönch, in die Kemenate der jungen Frau ein und verführte sie gegen ihren Willen. Aller Widerstand der Ehefrau war zwecklos. Als Heinrich IV. am anderen Morgen von der Burg ritt, ließ er die geschändete Burgherrin in Kummer und Verzweiflung zurück. Der Gemahl der unglücklichen Frau war zu dieser Zeit noch im Auftrag des Königs unterwegs und ahnte nicht, was dieser seiner Gattin angetan hatte. Diese verwerfliche Tat König Heinrichs IV. an der jungen Burgherrin soll einer der Gründe für den Sachsenaufstand gegen den König gewesen sein.

Die Sage vom Burggeist

Auf der Burg Scharzfels ging seit grauen Zeiten ein Burggeist um, ein Geist, der vordem niemandem ein Leid getan hatte und der stets gut Freund zu allen gewesen, die auf der Burg gelebt haben. Diesen Schutzgeist jammerte die Schande, die der jungen Burgherrin durch ihren König angetan worden war. Er erhob ein großes Klagen, Schreien und Lamentieren. Er schrie und fluchte dem König, dass die Mauern der alten Burg barsten und zerbrachen. Dann stürzte sich der Burggeist von den Zinnen des Bergfrieds und riss das Dach des Turmes mit sich in die Tiefe. Seither schwebt der Burggeist über das Land hin, klagend und allem Volke verkündend, dass der König selbst Unschuld, Recht und Sitte missachtet habe, und seit dieser Zeit war der Bergfried des Scharzfels ohne Dach.

Kloster Pöhlde

Pöhlde liegt am südlichen Harzrand unweit von Herzberg und Scharzfeld. Den Ursprung Pöhldes bildete eine alte Burganlage mit Hauptburg und Vorburg. Es soll eine Fliehburg gewesen sein. Die Ringwallanlage hat eine Größe von 220m x 120m. Im Jahre 927 schenkte König Heinrich I. seiner zweiten Gemahlin, Mathilde von Ringelheim, den Besitz Pöhlde. Unterhalb der alten Burganlage entstanden ein Landgut und eine Königspfalz. Nach dem Tode König Heinrichs I. bat Königin Mathilde ihren Sohn Otto I., die Pfalz nebst dem Landgut in ein Kanonikerstift umzuwandeln. 952 ließ König Otto I. auf den Wunsch seiner Mutter Mathilde neben der Pfalz eine Mönchsabtei errichten, die von Benediktinern besiedelt wurde. Die Pfalz war direkt mit dem Kloster verbunden.
27 Könige und Kaiser weilten in der Pfalz. Am 30. April 1002 wurde Markgraf Ekkehard I. im Kloster Pöhlde hinterhältig ermordet. Markgraf Ekkehard I. war ein enger Vertrauter und Berater Kaiser Ottos III. Für seine treuen Dienste ernannte ihn der Kaiser zum Markgrafen. Um das Jahr 1000 vereinte Ekkehard I. Merseburg, Zeitz und Meißen zu einem Herrschaftsbereich und wurde auch zum Herzog von Thüringen gewählt. Der Thüringer Graf Wilhelm von Weimar wollte sich trotz militärischer Auseinandersetzungen mit dem mächtigen Markgrafen Ekkehard I. diesem nicht unterordnen. Im Jahre 1002 starb der junge Kaiser Otto III. nicht ganz zweiundzwanzigjährig in Rom. Jetzt sah Markgraf Ekkehard seine Zeit gekommen, sich um den deutschen Thron zu bewerben. Eine Gruppe bedeutender Adliger, denen der Markgraf zu mächtig geworden war, wollten Herzog Heinrich den Zänker auf den Thron heben, was Ekkehard I. mit Waffengewalt verhinderte. Heimlich wurde gegen Ekkehard ein Komplott geschmiedet, um seine Wahl zum König zu verhindern. Die Verschwörer hatten in Erfahrung gebracht, dass der Markgraf auf dem Weg nach Pöhlde war. Als Ekkehard I. im Kloster ankam, fielen seine Gegner aus dem Hinterhalt über ihn her und ermordeten ihn. An diesem Komplott waren Siegfried II., Benno von Nordheim sowie Heinrich und Udo von Katlenburg beteiligt. Im Bauernkrieg wurde das Kloster 1525 von aufständischen Bauern erheblich zerstört. 1596 gelangte der gesamte Klosterbesitz an die Welfen. Im Dreißigjährigen Krieg (1618–1648) wurde das Kloster endgültig zerstört.

Burg Hohnstein

Die Burg Hohnstein befindet sich nördlich der Neustadt bei Nordhausen auf einem nach Westen vorspringenden Porphyrfelsen. Die Nord- und Westseite fallen sehr steil in die Tiefe ab. Die Südseite ist nur sehr schwer zugänglich. Der Zugang zur Burg liegt auf der Ostseite. In der Zeit zwischen 1110 und 1116 erwarb Graf Konrad von Sangerhausen das Gebiet um den Hohnstein, nachdem er seine Herrschaft Sangerhausen an seinen Onkel, Ludwig den Springer, Graf von Schauenburg, verkauft hatte. Um 1120 erbaute Konrad von Sangerhausen die Burg Hohnstein, wo er seinen neuen Sitz hatte und residierte.

Ruine Hohnstein.

Von dieser Zeit an nannte er sich Graf von Hohnstein. Konrad starb 1145 ohne männliche Nachkommen. Den Besitz erbte seine Tochter Reinweg, die mit dem Grafen Heseke von Orlamünde verheiratet war. Heseke starb 1161 als Mönch im Kloster Huysburg. Die Witwe Reinwig gab die Burg und alle dazugehörigen Besitzungen ihrer Tochter Lutrutis, welche mit dem Grafen Elger II. von Ilfeld verheiratet war. 1130 wurde die Burg Hohnstein erstmalig genannt. Erlger II. nahm seinen neuen Wohnsitz auf dem Hohnstein und gab seine Burg Ilfeld auf. Herzog Heinrich der Löwe belehnte 1162 den Grafen Elger II. mit der Burg und Herrschaft Hohnstein. Elger nannte sich fortan Graf Hohnstein. Diesen Titel hatte er auf einem Fürstentag zu Erfurt von Kaiser Friedrich I., Barbarossa, verliehen bekommen. Kurz vor seinem Tode stiftete Elger II. das Kloster Ilfeld. Die Herrschaft Hohnstein mit der Burg gelangte nun an seinen Sohn Elger III. Dieser brach die väterliche Ilburg ab und verwendete die Steine zur Fertigstellung des Klosters Ilfeld.

Im 13. Jahrhundert wurde die Grafschaft Hohnstein erheblich erweitert. Erworben wurden die Grafschaft Klettenberg, die Grafschaft Kirchberg, die Burg Ehrich die Spatenburg bei Sondershausen, die Arnsburg und die Herrschaft Vockstedt. 1284 befanden sich die Hohnsteiner und Stolberger in Fehde mit der Stadt Nordhausen. Die Grafschaft wurde abermals erweitert mit der Burg und Herrschaft Allerberg, Roßla (1303), Burg und Herrschaft Sondershausen (1309). 1312 erfolgte die erste Teilung des Besitzes. Die südlich der Wipper und Hainleite gelegenen Gebiete mit den Burgen Straußberg, Sondershausen, Spatenburg, Kirchberg, Ehrisch, Greußen, Clingen u.a. kamen an einen jüngeren Sohn. 1325 fielen die Hohnsteiner durch das Altentor in die Stadt Nordhausen ein. Im Jahre 1364 hielt sich auf der Burg Hohnstein eine große Zahl von Straßenräubern auf. Sie streiften raubend und sengend durch Thüringen und richteten erhebliche Schäden an. Graf Heinrich von Hohnstein wurde genötigt, gegen diese Räuber vorzugehen. Weil die Hohnsteiner in die Gebiete der Städte Nordhausen, Mühlhausen und Erfurt einfielen, raubten, brandschatzten und die Landbewohner drangsalierten, taten sich im Jahre 1371 die drei betroffenen Städte zusammen, um den dreisten Räubereien ein Ende zu bereiten. Sie forderten zahlreiche Grafen auf, sich an diesem Unternehmen zu beteiligen. Die Streitmacht zog vor die Burg Hohnstein und belagerte sie vier Tage lang. Dabei verwüsteten, plünderten und brandschatzen sie die umliegenden Ortschaften, die zum Besitz der Hohnsteiner gehörten. Herzog Otto von Braunschweig hatte eiligst ein Kriegsheer zusammengestellt und kam am fünften Tag den belagerten Hohnsteinern zu Hilfe. In dem nahegelegenen Hohlweg trafen beide Heere aufeinander. Die verbündeten Städte zogen im Bunde mit Otto von Braunschweig gegen die Hohnsteiner. Nach einem furchtbaren Gemetzel unterlagen die städtischen Streiter. Viele von ihnen wurden erschlagen und zahlreiche andere warf man in die Verliese der Burg Hohnstein. Als Abfindungssumme und Lösegeld für die Gefangenen musste Erfurt 1.200 Mark lötigen Silbers bezahlen. 1397 stürmten die Fürsten Wilhelm und Friedrich von Meißen die Burg im Ballenstadt, dort hielt sich eine ganze Anzahl Straßenräuber auf. Danach zogen sie zur Burg Hohnstein, um die Burginsassen wieder zum

Bollwerk am linken Eingangsbereich.

Gehorsam zu zwingen. Die Hohnsteiner ordneten sich den beiden Fürsten von Meißen unter, bekamen ihre Burg wieder und wurden Lehnsleute der Fürsten. Bei dieser Aktion war auch der Thüringer Landgraf Balthasar mit seiner Streitmacht beteiligt. 1412–1415, in der Zeit der Fleglerkriege, wurde der Hohnstein vom Grafen Friedrich von Heldrungen eingenommen. 1417 erwarb der Graf von Stolberg die Burg und Herrschaft Hohnstein durch Kauf. 1428 erhielt der Graf von Stolberg die Burg und Herrschaft Hohnstein vom Herzog von Braunschweig zum Lehen. 1525 wurde die Burg von den aufständischen Bauern gestürmt, aber nicht zerstört.

1627 besetzte der sächsische Oberst Vitzthum von Eckstädt die Burg und Herrschaft von Hohnstein. In der Christnacht 1627 wurde die Burg durch Brandstiftung ein Raub der

Flammen. 1872 wurden die ersten Erhaltungsarbeiten am Mauerwerk durchgeführt, weitere um 1890 und 1914. 1945 wurde die Ruine Hohnstein Volkseigentum. Rechtsträger war die Gemeinde Neustadt. Bis heute werden Arbeiten am alten Mauerwerk durchgeführt, um es zu erhalten. Nach der Wende sollte die herrliche Burgruine verkauft werden, was die Neustädter erfolgreich verhinderten. Eine Interessengemeinschaft Burg Hohnstein e. V. wurde gegründet, die sich das Ziel gesetzt hat, die alte Burgruine vor dem weiteren Verfall zu bewahren. Eigentümer der Burg ist der Landkreis Nordhausen. Die Burg besteht vorwiegend aus rötlichem Porphyrgestein, das in der gesamten Umgebung vorkommt und aus welchem auch der Fels besteht, auf dem sie gebaut ist. Das Baumaterial wurde dem Anschein nach von dem Felsen des Burgberges gebrochen. Teile des Felsens band man in das Mauerwerk der Burg mit ein. Die weißen Fugen der Mauern bilden einen herrlichen Kontrast zu dem rotbraunen Porphyrgestein. Der Gips kommt in dieser Gegend recht häufig vor und wurde schon im Mittelalter zu Kalkmörtel verarbeitet. Die Burganlage gliedert sich in Vorburg, Unter- und Oberburg. Die gesamte Anlage war durch sechs Tore geschützt. Ein rechteckiger Bergfried ragt mitten aus der Burganlage hervor. Ein tiefer Brunnenschacht befindet sich auf dem Burghof, der die Burgbewohner einst mit Wasser versorgte. Die gesamte Tiefe wird auf 80 m geschätzt und reicht damit bis in die Tiefe des Grundwassers bzw. einer Wasserader. Die jetzige Tiefe beträgt 27,4 m, der Durchmesser etwa 2,5 m. Ein durch eine Treppe begehbarer Aussichtspunkt wurde geschaffen, von dem aus ein herrlicher Rundblick gewährleistet ist. Bemerkenswert und faszinierend ist auf der Südostecke neben dem Eingangstor das wuchtige Bollwerk mit seinen Schießscharten und dicken Mauern. Das Bollwerk wurde im Halbkreis errichtet und rundum mit rechteckigen und runden Schießscharten, die in verschiedenen Winkeln angebracht wurden, versehen. Dies hatte für die Schützen, die den Zugang der Burg zu verteidigen hatten, den Vorteil, dass sie den gesamten Zugangsbereich mit ihren Waffen im weiten Bogen bestreichen konnten. Dieses Bollwerk wurde unter den Grafen von Stolberg geschaffen, welche die Burg 1417 nebst der Herrschaft Hohnstein käuflich erwarben. Zu erwähnen sei noch, dass im Inneren des Bollwerkes an jeder Schießscharte eine Einbuchtung für den Schützen im Mauerwerk ausgespart wurde, damit der eine den anderen beim Schießen nicht behinderte. Auf dem Burghof befindet sich ein schöner Burggasthof, welcher außer montags für Gastlichkeit sorgt. Es ist auf alle Fälle lohnenswert, der alten, herrlichen Burgruine einen Besuch abzustatten.

Raubnest Schnabelburg bei Nordhausen

Zwischen 780 und 790 entstand die fränkische Siedlung Altnordhausen unterhalb des Frauenberges, mit einem Reichshof und einem Reichsdorf. 910 wurde die Burg Northusia durch König Heinrich I. erbaut, der dort auch Hof hielt. Die Burg lag am Schnittpunkt mehrerer Handelsstraßen, die dadurch bestens kontrolliert werden konnten. 1220 wurde den Bürgern Nordhausens die Reichsfreiheit verbrieft, aber nicht eingehalten. 1277 stürmten die Nordhäuser die Reichsburg, zerstörten sie und erlangten dadurch die Reichsfreiheit für ihre Stadt. Diese brachte den Einwohnern nicht nur Vorteile. Die Feudalmächte Schwarzburg, Stollberg und Hohnstein, die ihre Besitzungen um Nordhausen hatten, fügten der Stadt durch Raub und Drangsalierung ihrer Bürger immer wieder Schaden zu. Die Herren von Hohnstein hatten ihre Burg seit 1120 nördlich von Nordhausen, nahe Neustadt. Sie trieben der Stadt ganze Viehherden weg und verschleppten und ermordeten Nordhäuser Bürger. 1350 entstand ein heftiger Streit zwischen den Hohnsteiner Grafen und der Stadt Nordhausen. Die Hohnsteiner schlossen Bündnisse mit zahlreichen Thüringer Grafen und Rittern und baten um sofortige Hilfe. Um den Nordhäusern den Weg zu verlegen und ihre Bürger auszurauben und zu verschleppen, um Lösegeld zu erpressen, bauten sie eilends die Schnabelburg an die Ecke des Kalkfelsens des Kohnstein nördlich von Nordhausen. Die Nordhäuser schickten Boten nach dem Thüringer Wald, an die Werra und nach Hessen, um Verbündete anzuwerben. Es kamen unter anderem Gerüstete von der Bommelburg und der Burg Brandenfels. Als Hauptmann der Nordhäuser Streitmacht wurde Andreas von Buttler ernannt. Die Streiter der Stadt fielen in die Hohnsteiner Dörfer ein, verheerten, zerstörten und verbrannten alles, was in der Nähe des Hohnstein, um Heringen und Kelbra lag. Danach belagerten sie Heringen, raubten viel Vieh und trieben es fort. Die Hohnsteiner befanden sich zu dieser Zeit in der Stadt. Sie sprengten heraus und stellten sich den Nordhäusern zum Kampf. Dabei wurde der junge Graf Heinrich von Hohnstein von Andreas von Buttler gefangen genommen. Markgraf Friedrich mischte sich in die Auseinandersetzung ein. Die Nordhäuser mussten den gefangenen Hohnsteiner wieder freigeben. Für den Schaden, den die von Nordhausen in den Hohnsteiner Dörfern angerichtet hatten, mussten sie die Summe von 100 Mark lötigen Silbers an die Hohnsteiner Grafen zahlen. Die Nordhäuser Ratsherren wussten sich keinen Rat mehr, wie sie sich den ständigen Attacken der Raubritter der Schnabelburg erwehren konnten. 1363 kamen sie auf eine geniale Idee. Sie boten ihren Peinigern den Kauf der Schnabelburg an, was auch von den Hohnsteiner Burginsassen akzeptiert wurde. Während in der Stadt mit den Rittern über das Kaufgeld verhandelt wurde, rückten

Der Nordhäuser Roland.

Wappen der freien Reichsstadt Nordhausen.

die Nordhäuser Bürger eilends zu dem Raubnest Schnabelburg und rissen es bis zum Grund nieder. Diesen Hohn konnten die Hohnsteiner nur schwer verkraften.

Jahrelang zog die Nordhäuser Schuhmachergilde mit Fahnen, Wehr und Musik hinaus zur Merwigslinde im Gehege und feierte ein fröhliches Fest, wo auch dem König Merwig gedacht wurde. Unter Jauchzen und Jubel zogen die Schuhmacher mit einem Zweig der Linde in die Stadt zurück. Die Merwigslinde ist der berühmteste Baum des Nordhäuser Geheges. Die Sage berichtet, dass die Linde um die Mitte des 5. Jahrhunderts von einem Thüringer König namens Merwig, eines Schuhmachers Sohn, gepflanzt worden sein. Der Frankenkönig Merwig soll der Sage nach Nordhausen gegründet haben.

Der Kohnstein und die versunkene Burg

Der Kohnstein ist ein lang gestrecktes Bergmassiv, vier Kilometer nördlich der Stadt Nordhausen und westlich des Ortes Niedersachswerfen. Der Berg besteht aus Anhydrit. Dieses bildet sich durch Aufnahme von Wasser in Gips um. Schon von Weitem ist der weiß schimmernde Berg zu sehen. Anhydrit wird hier in großem Umfang für Bauzwecke abgebaut, eigens dafür wurde ein Werk am Fuße des Berges errichtet. Eine Sage berichtet,

dass bei dem Ort Niedersachswerfen in alter Zeit ein großes Schloss gestanden habe, dessen Besitzer, ein reicher Adelsmann, nur den sinnlichen Lüsten zugetan war. Er lud viele Gäste ein und feierte rauschende Feste. Die laute Musik hörte man im weiten Umkreis. Um das Wohl und Wehe seiner Untertanen kümmerte er sich wenig. Einst feierte der Burgherr wieder ein fröhliches Fest. Trotz eines aufziehenden furchtbaren Gewitters, das sich durch anhaltendes Donnergrollen, zuckende Blitze sowie aufkommenden Sturm ankündigte, ließ sich die vergnügte Schar nicht beim Tanze stören. Da betrat ein alter Bettler in dürftiger Kleidung, aber mit würdigem Antlitz das Schloss, um vor dem strömenden Regen Schutz zu suchen. Die Dienerschaft hatte den armen Mann gar nicht bemerkt, als er bis zum Eingang des großen Saales gelaufen war. Von der Tür aus blickte er in den herrlich geschmückten Raum, in dem sich die Gäste voller Lust dem Tanze hingaben. Als nun der Bettler eine Weile staunend dem Treiben zugeschaut hatte, erblickte ihn der wüste Burgherr. Wild fluchend packte er den Mann und warf ihn unter lautem Hohngelächter der Gäste zu einem der Fenster hinunter. Doch, o Wunder, der Bettler stand unverletzt und wohlbehalten vor der Burg, von einem hellen Lichte umstrahlt, und rief dem Burgherren und einigen seiner Gäste, welche aus den Fenstern hinabschauten zu: „Verflucht seid Ihr, die Ihr den Armen gehöhnt und dem Tode geweiht; verflucht sei die Stätte mit all ihrer Lust und Üppigkeit, Ihr sollt allesamt mit Eurem Schlosse versinken in Nacht

Der Kohnstein.

Östlicher Teil des Kohnstein.

und Finsternis!". Kaum war der Fluch ausgesprochen, fuhr ein greller Blitz, von einem gewaltigen Donnerschlag begleitet, in die Burg. Im gleichen Augenblick brach der Boden unter der Burg in die Tiefe. Das herrliche Schloss mit all seinen tanzenden und jubelnden Gästen versank in der Tiefe. Innerhalb kurzer Zeit füllte sich die Einbruchstelle mit Wasser. Von den Bewohnern der Umgebung wurde dieses Wasserloch, welches früher als grundlos galt, als Tanzteich bezeichnet, weil die Gäste des Schlosses beim Untergang sich eifrig im Tanze drehten. In der Gegend um Niedersachswerfen sind Erdeinbrüche bekannt, sie haben ihre Ursache durch Wasserausspülungen im Kalkgestein oder in Salzlagerstätten. Wenn der Hohlraum zu groß wird, kann eines Tages das darüber liegende Erdreich in die Tiefe stürzen. Es wäre durchaus möglich, dass die in der Sage erwähnte Burg durch eine solche Unterspülung in der Tiefe versank. Den Kohnstein hatte man 1936 als Kraft- und Rohstofflager untertunnelt. Ab 1943 wurde hier ein Außenlager des KZ Buchenwald unter dem Namen KZ Dora-Mittelbau eingerichtet. 60.000 Häftlinge mussten unter menschenunwürdigen Bedingungen das Höhlensystem weiter ausbauen, um die Produktion der Fernraketen V1 und V2 im bombengeschützten Untergrund des Kohnstein weiterzuführen, da dies durch Bombenangriffe der angloamerikanischen Luftwaffe in Peenemünde nicht mehr möglich war. Das Stollensystem umfasste 10.000 qm. Im Frühjahr 1945 wurde Nordhausen von den Amerikanern besetzt und die Häftlinge konnten befreit werden. 20.000 Menschen kamen im KZ Dora ums Leben. Die Amerikaner schafften sämtliche erbeuteten Forschungsunterlagen über den deutschen Raketenbau nach Amerika. Die Gegend um Niedersachswerfen war schon in vorgeschichtlicher Zeit besiedelt. Davon zeugen eine Wallanlage auf dem Mühlberg und eine im Kohnsteiner Forst. Der Ort selbst wurde erstmals 1140 urkundlich erwähnt. In alter Zeit stand im Ort eine Turmburg. Es war ein Wohnturm, welcher auf einem Hügel stand und durch einen umlaufenden Wassergraben und Wall vor Feinden geschützt war. Dieser Bau war der Sitz eines Ministerialen. Später, als der steinerne Turm verfallen, zerstört oder abgetragen war, wurde der Hügel für Versammlungs- und Gerichtszwecke genutzt. Die Oberfläche hat man mit einem Ring von Linden bepflanzt.

Teil der alten Stadtmauer Nordhausens mit halbrundem Wehrturm.

Reste der mittelalterlichen Stadtmauer im Südosten der Altstadt, auf dem Petersberg, der höchsten Stelle Altnordhausens, von wo aus man einen imposanten Blick über die Stadt genießt. Die hohen und starken Mauerreste sind mit Schießscharten, Wehrgang und halbrunden Wehrtürmen versehen und zeugen von der einstigen Wehrhaftigkeit der freien Reichsstadt. Die Gemäuer und der Kirchturm der Peterskirche sind heute in eine herrliche

Parkanlage integriert. Die älteste Besiedlung Nordhausens datiert mit der fränkischen Siedlung Altnordhausen auf die Jahre zwischen 780 und 790. Das nördlich gelegene Altendorf fand 874 Erwähnung. Lange bevor die Stadtmauer errichtet wurde, bestand schon die um 910 von König Heinrich I. errichtete Burg Nordhusia. In deren unmittelbarer Nähe ließ die Gemahlin des Königs, Mathilde, 961 ein Damenstift errichten, das 962 mit dem Markt-, Münz-, und Zollrecht Nordhausens ausgestattet wurde. Die Burg und das Damenstift lagen am Kreuzungspunkt wichtiger Straßen von Goslar, Mühlhausen, Erfurt und Halle. Kaiser Friedrich II. wandelte das Damenstift 1220 in ein Domherrenstift um. Nach 1180 begann der Bau der Stadtmauer. Vom 14. bis zum 15. Jahrhundert wurde die Befestigungsanlage erweitert. Durch die Stadtmauer führten einst sechs Tore. Die obere und die untere Stadt Nordhausen waren durch Mauern voneinander getrennt.

Blick zum Kyffhäuserberg mit dem Barbarossaturm, noch vor Errichtung des Kyffhäuserdenkmals. Im Hintergrund ist die Rothenburg erkennbar.

Kyffhäuser-Burgen

Der Kyffhäuser

Der Kyffhäuser ist das kleinste Mittelgebirge Deutschlands. Er liegt im Norden Thüringens und südöstlich des Harzes. Das Gebirge hat eine Länge von 19 und eine Breite von 7 km. Die Höhe beträgt 477 m. Auf der südlichen Seite steigt das Gelände allmählich an und fällt auf der nördlichen Seite steil zur Goldenen Aue ab. Den Kyffhäuser überquert eine Straße von Bad Frankenhausen nach Kelbra. Auf dem Gipfel des Bergrückens befinden sich die Ruinen der einst mächtigen Reichsburg Küffhausen und der Rothenburg und am Fuße des Bergrückens die Ruinen der Burg Kelbra und der Falkenburg. Die Zierde des Kyffhäusers ist das 1896 eingeweihte Kyffhäuserdenkmal mit seinem 81 m hohen Turm. Das Reiterstandbild Kaiser Wilhelms I. hat eine Höhe von 9 m. Am Fuße des Kyffhäusers breitet sich die fruchtbare Goldene Aue aus. Auf der Nordseite des Gebirges befinden sich die Reste der einstigen Pfalzen Tilleda und Wallhausen.

Kaiser Barbarossa am Kyffhäuser.

Die Königspfalz Tilleda

Tilleda, unterhalb des Kyffhäusers am südlichen Harzrand gelegen, gehört zu einer ganzen Reihe von mittelalterlichen Pfalzen. Was sie jedoch einzigartig macht, ist, dass sie in ihrem ursprünglichen Zustand erhalten blieb und nicht überbaut wurde. Die Pfalz wurde als einzige in ganz Deutschland komplett ausgegraben und ist damit die am umfassendsten erforschte Königs- und Kaiserpfalz Europas. Das Gelände der Pfalzanlage hat eine Größe von 56.000 qm. Die Umfassungsmauer der Anlage hat eine Länge von 360 m. Nachdem die Franken im Bunde mit den Sachsen das Thüringer Königreich im Jahre 531 zerstört hatten, und die Sieger Thüringen unter sich aufgeteilt hatten, kam unter anderem die Region um den Kyffhäuser in fränkischen Besitz. An strategisch wichtigen Orten errichteten sie befestigte Stützpunkte, zu denen auch Tilleda gehörte. Es entstand auf dem Plateau des Pfingstberges hoch über dem späteren Ort Tilleda, am Nordostrand des Kyffhäusers eine kleine fränkische Siedlung, aus der im 7. Jahrhundert die Königspfalz

Die aufgemauerten Grundmauern von einem der beiden kaiserlichen Wohntürme.

Dieser mittelalterlichen Abbildungen nachempfundene Torturm wurde auf freigelegten Fundamenten errichtet.

Tilleda hervorging. Im 9. Jahrhundert wurde erstmalig der Ort „Dullide“ erwähnt. Zu Anfang des 10. Jahrhunderts entstanden herrschaftliche Gebäude und Wallanlagen. Im Jahre 972 übereignete Kaiser Otto II. seiner Gemahlin Theophanu die Pfalz „Dullede“ als Wittum. Tilleda war eine burgartig ausgebaute Pfalz. Bis etwa 1200 hielten hier alle deutschen Kaiser Hof. Die in Tilleda in der Zeit von 974 bis 1042 ausgestellten Urkunden bezeugen die Anwesenheit von Otto II., Otto III., Konrad II. und Heinrich III. Als Kaiser Heinrich VI. auf einem Hoftag in Tilleda weilte, unterwarf sich Herzog Heinrich mit einem Kniefall dem Reichsoberhaupt.

Pfalzen waren Orte, die in allen Regionen des Reiches verteilt lagen. Zusammen mit Reichsburgen, Reichsklöstern und Reichsstädten waren sie Aufenthaltsorte von Königen und Kaisern, wenn sie mit ihrem Gefolge durch das Reich zogen, um Reichstage abzuhalten, wo Recht gesprochen wurde, Streitigkeiten geschlichtet und Urkunden ausgestellt wurden. Adelsherren zogen von der gesamten Umgebung herbei, um dem Herrscher ihre Belange vorzutragen. Im Tross des Königs oder Kaisers reisten Familienmitglieder, Dienstpersonal, der Reichskanzler, Kirchenmänner, Adelsherren und Bewaffnete, die für den Schutz der Reisenden zuständig waren. Auf zahlreichen Gespannen wurden Zelte und andere Utensilien der Reisegesellschaft sowie auch Personen transportiert. Nicht selten reisten bis zu 200 Menschen und mehr im Gefolge des Reichsoberhauptes. Wenn der Herrscher mit seinem Tross auf einer Pfalz ankam, nahmen die königliche Familie und die engsten Vertrauten in festen Gebäuden Quartier. Die anderen Mitglieder der Reisegesellschaft mussten in den mitgeführten Zelten ihre Unterkunft nehmen. Der Aufenthalt auf einer Pfalz konnte mehrere Wochen oder Monate andauern, bis der König mit seinem Gefolge zur nächsten Pfalz aufbrach. Während des Aufenthalts auf der Pfalz wurden Unmengen an Nahrungsmitteln und Futter für die Tiere verbraucht. Das Dienstpersonal der Pfalz war jedes Mal froh, wenn der König mit seinem Gefolge wieder von dannen zog. Der letzte reisende Kaiser des Heiligen Römischen Reiches Deutscher Nation war Kaiser Karl V. Die Königspfalz Tilleda spielte schon unter Karl dem Großen und den Ottonen zur Durchsetzung der Königsmacht in der Harzregion eine bedeutende Rolle. Tilleda war eine burgartig ausgebaute Pfalz. Sie bestand aus einer weiträumigen Vorburg und einer Hauptburg. Auf der Letzteren befanden sich zwei steinerne königliche Wohntürme mit mehreren Stockwerken und einer Fußbodenheizung, eine Pfalzkapelle und eine hölzerne Versammlungshalle mit Erd- und Obergeschoss. Der Zugang zur Hauptburg war im Vorfeld durch vier hohe Wälle, Gräben, und feste Tore gesichert. Auf der Vorburg, auf der sich auch der Zugang zur Anlage befand, standen zahlreiche Wirtschaftsgebäude, Speicher, Scheunen und eine ganze Reihe einfacher Wohnhäuser von den Menschen, die die Pfalz bewirtschafteten. Mit dem 13. Jahrhundert verlor das System der Pfalzen seine Bedeutung und ging dem Verfall entgegen. So auch Tilleda. Aus der baufällig gewordenen Kirche errichtete ein Ministerialengeschlecht eine kleine Turmburg zu einem Rittersitz, und nannte sich fortan Barthe „von Tullede“. Nachdem die Burginsassen ihren Rittersitz verlassen hatten, blieb die Pfalz unbewohnt. Die früheren Bewohner hatten die Pfalz lange schon verlassen und sich im Tal neu angesiedelt, wo es auch genügend Wasser gab. Auf der Pfalz gab es nach archäologischen Untersuchungen keinen Brunnen. Der Standort der Pfalz geriet im Laufe der Zeit in Vergessenheit und die verbliebenen Grundmauern wurden von einer dicken Grasnarbe überdeckt. Erst der Lehrer und Heimatforscher Karl Meyer entdeckte im 19. Jahrhundert die alte Pfalz wieder. Er deutete die Mauerreste, Gräben und Hügel auf dem Pfingstberg als deren Standort. Aber erst die Grabungen des Archäologen Professor Paul Grimm mit vielen Helfern in den Jahren 1935–1939 und 1958–1979 brachten den endgültigen Beweis. Bei den flächendeckenden Ausgrabungen wurden Reste von mindestens 30 Steingebäuden, 18 hölzernen Pfahlbauten, 131 Grubenhäusern, Speichern, technischen Anlagen, vier Verteidigungswällen und Gräben sowie vier Toranlagen und eine 360 m lange Umfassungsmauer freigelegt. In einer ganzen Reihe von Ausstellungsräumen auf dem Pfalzgelände werden in einem Freilichtmuseum Einblicke in die mittelalterliche Zeit und die Ausgrabungen der Pfalz vermittelt.

Kaiserin Theophanu bekam im Jahre 972 von ihrem Gatten Otto II. die Pfalz Tilleda als Wittum (Witwenversorgung).

Burg Kyffhausen

Der Kyffhäuser ist ein kleines, bis zu 477 m hohes, bewaldetes Gebiet im Vorland des Harzes. Auf dem Gipfel befand sich schon in alter Zeit eine vorgeschichtliche Siedlung, was durch zahlreiche Ausgrabungen belegt ist. Wann genau die erste Burganlage auf dem Berg entstand, ist nicht bekannt. Man nimmt an, dass die ersten Bauherren die Salier waren und in der Zeit zwischen 1080 und 1110 eine Veste errichteten. Die Ersterwähnung der Burg stammt aus dem Jahre 1118 mit der Bezeichnung „Cuffese". Es war die Zeit der kriegerischen Auseinandersetzungen zwischen Heinrich V. (1106–1125) und seinem

Eingangsportal auf der Oberburg.

Eingang zur Kapelle.

Widersacher und späteren Nachfolger in der Königswürde, dem Sachsenherzog Lothar von Supplinburg (1125–1137). Während dieser Kämpfe wurde die Burg Kyffhausen 1118 durch Herzog Lothar längere Zeit belagert und dann zerstört. Der Sachsenherzog soll die Burg später wieder aufgebaut haben. Der Ausbau in seiner bekannten Größe aus Ober-, Mittel- und Unterburg wird Kaiser Friedrich I., Barbarossa (um 1125–1190), zugeschrieben. Die große Burganlage hatte eine Gesamtlänge von 608 m und eine Breite von 60 m. Die Veste war eine der größten Reichsburgen des Landes. Barbarossa ließ sie durch Ministeriale verwalten. Nach dem Ende der Stauferherrschaft (1256) herrschte in Deutschland das Faustrecht. Die Wegelagerei und das Raubrittertum brachten den Handel und Wandel im ganzen Land fast zum Erliegen. Zahlreiche Wegelagerer und Buschklepper hausten in den Mauern und Kellern der alten Burg Kyffhausen. Nach hier oben verirrte man sich nur selten. Aus diesem Grunde konnten die Übeltäter von da aus unbehelligt ihre Raubzüge rund um den Kyffhäuser unternehmen.

Einer Sage zufolge kamen an einem Sonntagmorgen einige Schnapphähne vom Kyffhäuser und raubten vier wunderschöne Schwestern, die mit ihrer Mutter auf dem Weg zur Kirche waren. Die Mutter flehte die Räuber an, ihre Töchter wieder freizulassen. Voller Hohn und Spott stießen die groben, herzlosen Gesellen die arme Frau beiseite und ritten mit den Mädchen davon. Der Mutter brach das Herz. Sie vergoss bittere Tränen über den Verlust ihrer Kinder. An der Stelle, die von ihren Tränen benetzt wurde, soll ein klarer Quell entsprungen sein. Wanderer, die von Kelbra nach dem Kyffhäuser zogen, labten sich an diesem frischen Wasser.

Eine Änderung dieser gesetzlosen Zeit in Deutschland setzte ein, als 1273 ein neuer deutscher König, Rudolf von Habsburg, gewählt wurde, der sich wieder für Recht und Ordnung im Lande einsetzte. König Rudolf übereignete 1290 die Reichsburg Kyffhausen dem Grafen Friedrich von Beichlingen. 1291 wurde ein Graf Friedrich der Ältere von Beichlingen in einer Urkunde als kaiserlicher Burggraf von Kyffhausen genannt. Danach kam die rothenburgische Linie dieses Geschlechts in den Besitz der Burg. Aus Geldmangel vermachte Graf Friedrich von Beichlingen am 2. Februar die Burg Kyffhausen seinem Schwiegervater Heinrich V. von Hohenstein auf Lebzeiten. 1373 gelangte die Veste durch Kauf an den Thüringer Landgrafen Friedrich III. Dieser verpfändete Kyffhausen 1378 an den Grafen Heinrich XXV. und Günther XXIX. von Schwarzburg. Bei diesem Adelsgeschlecht verblieb der Besitz bis 1918. Auf der Unterburg ließ Graf Heinrich von Schwarzburg eine Kapelle errichten und aufwändig ausschmücken. 1433 weihte Bischof Nikolaus von Wiltberg das Gotteshaus feierlich ein. Man erzählte von einem Kreuz, das sich in der Kapelle

Ruine der Kapelle auf der Unterburg.

befand und viele Zeichen und Wunder getan haben soll. Aus diesem Grunde strömten zahllose Wallfahrer nach Kyffhausen. Um diese Zeit dürfte der größte Teil der alten Burganlage schon Ruine gewesen sein, denn der Eisenacher Stadtschreiber Johann Rothe (gest. 1434) berichtete in seiner „Thüringischen Chronik" vom „wüsten Schloss Kyffhausen". Als in den Jahren 1890 bis 1896 das mächtige Kaiser-Wilhelm-Denkmal errichtet wurde, hatte man bei den Planierungsarbeiten für das Monument zwei Drittel der Oberburg beseitigt. Verblieben sind ein Teil der Ringmauern, der Barbarossaturm, der Brunnen und das steinerne Tor. Die Mittelburg war schon im 17. und 18. Jahrhundert durch einen Steinbruch zur Herstellung von Mühlsteinen fast vollständig zerstört worden. Mauerreste und ein Teil der Grundmauern eines runden Turmes sind noch vorhanden. Von der Unterburg sind fast alle Grundmauern und die Reste zweier Rundtürme sichtbar. Ruinen der 1433 geweihten Kapelle sind ebenfalls zu entdecken.

Im Jahre 1546 haben sich seltsame Dinge auf der alten Unterburg zugetragen. Ein Schneider aus Langensalza hatte sich in die Gemäuer der alten Kapelle eingenistet. Er faselte den Besuchern Geschichten von seinen Königreichen und unterirdischen Schätzen vor. Eine Menge Volk kam von überall herbei, um den Erzählungen des Schneiders zu lauschen. Zahllose Sagen und Mythen ranken sich um den Kyffhäuser, von all denen aber ist die Sage vom verwunschenen Kaiser Barbarossa die bekannteste und beliebteste. Nach dem tragischen Tod des mächtigen deutschen Kaisers auf dem Kreuzzug ins Heilige Land wollte niemand glauben, dass der vom Volke geliebte Kaiser nicht mehr zurückkehren würde. Es entstand der Mythos, dass Barbarossa nur schlafe und sich tief im Berg des Kyffhäusers mit seinem Hofstaat aufhalte und eines Tages, wenn die Raben nicht mehr um den Berg fliegen, mit aller Reichsmacht wieder zurückkehren und Recht und Ordnung im Lande schaffen würde.

Das Kyffhäuserdenkmal

Das mächtige, von der Goldenen Aue weithin sichtbare, 81 m hohe Kyffhäuserdenkmal mit dem Reiterstandbild Kaiser Wilhelms I. wurde nach den Entwürfen des Architekten Bruno Schmitz auf dem Kyffhäusermassiv errichtet. Dieser begabte Architekt hatte auch das Völkerschlachtdenkmal in Leipzig und das Denkmal Deutsches Eck in Koblenz entworfen. Die Grundsteinlegung war im Jahre 1892. Die gesamte Bauzeit erstreckte sich von 1890 bis 1896. Der Turm mit der Kaiserkrone erhebt sich von der Hochterrasse 65 m in die Höhe. Im ersten Drittel des Turmes steht das 7 m hohe, kupferne Reiterstandbild Kaiser Wilhelms I. auf einem hervorstehenden Sockel, senkrecht über der steinernen Abbildung Kaiser Rotbarts. Zu Füßen des Reiters sitzen ein germanischer Krieger und eine weibliche Gestalt mit einem Stift in der Hand, die zum Kaiser aufschaut. Das Standbild hat ein Gewicht von 16.800 kg. Für das gesamte Denkmal wurden 25.000 m³ Steine verarbeitet. Allein die Krone auf der Spitze des Turmes besteht aus 40 m³ Steinen. Die feierliche Einweihung des Denkmals war am 18. Juni 1896 bei herrlichem Sonnenschein. Kaiser Wilhelm II. und die Fürsten des Reiches mit ihrem Gefolge waren anwesend. Professor Westphal hielt die flammende Festrede. Auf der großen Plattform der Bogenhalle marschierten Abordnungen sämtlicher deutscher Kriegerverbände des Reiches mit etwa 1.000 Fahnen vorüber. Nach der Rede rief Fürst Günther von Schwarzburg-Rudolstadt das „Kaiserhoch“ aus. Das Reiterstandbild des greisen Kaisers Wilhelm I. soll die sinnbildliche Auferstehung Kaiser Barbarossas darstellen, der Jahrhunderte im Berg des Kyffhäusers geschlafen hat, um nach seinem Erwachen das deutsche Volk wieder zu Ruhm und Größe zu führen. Kaiser Wilhelm I. (1797–1888) war nach dem Sieg im

Deutsch-Französischen Krieg 1870/71 durch die Einigung der deutschen Bundesländer und die Gründung des zweiten deutschen Reiches zum Mythos aufgestiegen. Der Berg fällt hier steil in die Ebene ab. Tausende Besucher strömen jedes Jahr den Berg hinauf, um die Zeugen der Vergangenheit zu schauen.

Das Kyffhäuserdenkmal.

Die Rothenburg

Die im Jahre 1103 erstmals mit dem Adeligen Christian von Rothenburg erwähnte Rothenburg liegt auf einem 380 m hohen Bergkegel nahe der Burg Kyffhausen. Seit 1128 findet man Christian von Rothenburg als Parteigänger Kaiser Lothars III. Ein Sohn dieses Christian gilt als Begründer der kleinen Grafschaft Kirchberg in der Hainleite. Die Hauptlinie der Rothenburger Grafen starb bereits 1209 aus. Die Burg kam an die Grafen von Beichlingen, welche die Herren von Lupin als Burgmannen auf die Rothenburg setzten. Hier lebte auch der berühmte Minnesänger Christian von Luppin. 1212 eroberte Kaiser Otto IV. die Dryburg bei Langensalza sowie die Rothenburg. Der Kaiser setzte bei den Belagerungen seine aus Italien mitgebrachte Steinschleuder ein. Nach dem Abzug des Kaisers wurde die Rothenburg wieder instand gesetzt, umgebaut und modernisiert. 1407 erhielten nach mehrfachem Besitzerwechsel die Grafen von Schwarzburg die Burganlage. 1434 bekamen die Herren von Tütcherode die Burg mit der Verpflichtung zum Lehen, dass sie diese in gutem baulichen Zustand zu halten, Turmwächter und Torwärter sowie Knechte und Hauspersonal auf die Burg zu setzen haben. Als 1576 das Geschlecht von Tütcherode ausstarb, ging die Rothenburg allmählich dem Verfall entgegen.

Ruine Rothenburg.

Bismarckturm auf der Rothenburg.

Nach Fertigstellung des unweit gelegenen Kyffhäuserdenkmals, schaffte man das übrig gebliebene Baumaterial auf die Rothenburg und errichtete hier eine moderne Ausflugsgaststätte. Das Vorgängergasthaus aus dem Jahre 1839 wurde wieder abgerissen. Im Jahre 1906 ließ der Verband der Vereine Deutscher Studenten im Nordteil der Burganlage den Bismarckturm errichten. Zur Zeit des „Dritten Reiches" führte der NS-Reichskriegerbund von 1937 bis 1939 Baumaßnahmen auf der Rothenburg aus. Die SS nutzte die neue Gaststätte später als Erholungsheim. Nach dem Zweiten Weltkrieg war die Nationale Volksarmee der DDR Nutzer der Gebäude, nach der politischen Wende 1989 für einige Jahre die Bundeswehr. Nach Abzug des Militärs kam die Rothenburg in Privatbesitz. Die einst schöne Gaststätte ist nebst Nebengebäuden heute verwahrlost und dem Verfall preisgegeben. Die gesamte Anlage bietet ein trauriges Bild. Die Rothenburg bestand einst aus Kernburg und südlich gelegener Vorburg. Die Kernburg war durch Graben und Wall geschützt.

Der als Sockel erhaltene und restaurierte Bergfried hat eine Mauerstärke von fast 3 m und eine Höhe von 12 m. Der Durchmesser beträgt 12 m. Ruinen des Grafenhauses mit den schönen romanischen Fenstern sowie der Burgkapelle sind die größten noch erhaltenen Mauerreste der Burg. Teile der Umfassungsmauer, Grundmauerreste, Brunneneinfassung und Treppenstufen sind auf dem Burgplateau ebenfalls bis heute zu finden.

Der Schatz von der Rothenburg

Ein Straßenräuber mit Namen Loth, durchstreifte schon längere Zeit mit vierundzwanzig Spießgesellen raubend die gesamte Umgegend des Kyffhäusers. Die Raubgesellen hatten ihren Unterschlupf in den Kellern der Rothenburg. Eines Tages wurde die ganze Bande ergriffen, in Ketten gelegt und nach Sondershausen gebracht. Der Anführer Loth kam in einen eisernen Kerker. Ein älterer Mann wurde ihm zur Bewachung zugeteilt. Weil der Alte den Eingekerkerten immer gut behandelte, offenbarte ihm dieser ein Geheimnis: „Geh auf die Rothenburg nahe dem Schloss Kyffhausen", sprach er, „und stelle dich unter den mittleren Lindenbaum, dort siehst du einen Wacholderbusch. Grabe darunter, bis du ein Loch findest. In diesem habe ich meinen Schatz verborgen, er soll dir gehören." Nach Loths Hinrichtung dachte der Wärter wieder an die Worte seines Gefangenen. Leider konnte er das Geheimnis nicht für sich behalten und teilte es einem Pächter aus Kelbra mit. Dieser lachte den alten Mann wegen seiner Leichtgläubigkeit aus und versicherte ihm, dass die Geschichte unglaubwürdig sei und wies ihn noch auf die Gefahren einer Schatzsuche hin. Beim Weggehen gab der Pächter dem Alten zum Trost noch einen glänzenden Taler. Selbst aber machte er sich unverzüglich auf den Weg zur Rothenburg. Schnell fand er die besagte Stelle unter dem Wacholderbusch. Nach kurzem Schachten fand er den Hohlraum mit dem verborgenen Schatz des Wegelagerers Loth. 99.000 Taler, Gold und Edelsteine förderte der Pächter zu Tage und war ein reicher Mann.

Der „Püsterich"

Der „Püsterich" ist eine dickbäuchige, aus Metall gegossene, innen hohle Knabenfigur aus dem 13. Jahrhundert, mit einem Gewicht von 62 Pfund und einer Größe von 57 cm. Die seltsame Figur wurde 1546 im Schutt der Burgkapelle der Ruine Rothenburg am Kyffhäuser von den „Junkern zu Tutgeroda" auf „dem wüsten Schlosse Rothenburg gefunden, so auff einem hohen Berge, nechst bey dem Städtlein Kelbra liget". Das interessante Fundstück übergab man dem Edelmann von Reifenstein. Von diesem kam es in den Besitz des Grafen Günther von Schwarzburg. Zur genauen Untersuchung des Metalles brachte man den „Püsterich" zum Hessischen Landgrafen Moritz nach Kassel. Die Figur besitzt drei Öffnungen, eine auf dem Kopf und eine am Mund. Beide sind dünner als der kleine Finger eines erwachsenen Menschen. Die dritte Öffnung, von viereckiger Form, befindet sich am Unterteil des Knaben. Um einen Versuch mit dem „Püsterich“ zu unternehmen, füllte man ihn mit etwa einem Eimer Wasser und verschloss die oberen Öffnungen fest mit Holzpflöcken, die unteren mit einem unbrennbaren Stopfen und setzte ihn in der Hofküche des Grafen von Schwarzburg auf den angeheizten Küchenherd, bis das Wasser im Inneren zum Kochen kam und der „Püsterich“ zu schwitzen anfing. Mit einem heftigen Knall und Krach flogen dann die Holzpfropfen aus Kopf und Mund und siedend heißes Wasser schoss unter gewaltigem Druck fauchend und zischend aus diesen Öffnungen nach außen. Mit dem heißen Wasser spritzte auch eine schwefelartige, gelblichweiße stinkende Brühe heraus. Wo diese in der Küche auf Holzteile traf, loderten bald helle Flammen empor und setzten das Schloss in Brand. Nur mit Mühe und Not konnte das Feuer gelöscht werden. Alle weiteren Versuche mit dem „Püsterrich“ hat man später auf freiem Felde durchgeführt. Der „Püsterich“ wird heute im Schlossmuseum Sondershausen aufbewahrt.

Goethe schrieb über den „Püsterich“:

„Püsterich, ein Götzenbild,
Gräßlich anzuschauen.
Pustet über klar Gefild,
Wüst Gestank und Grauen.“

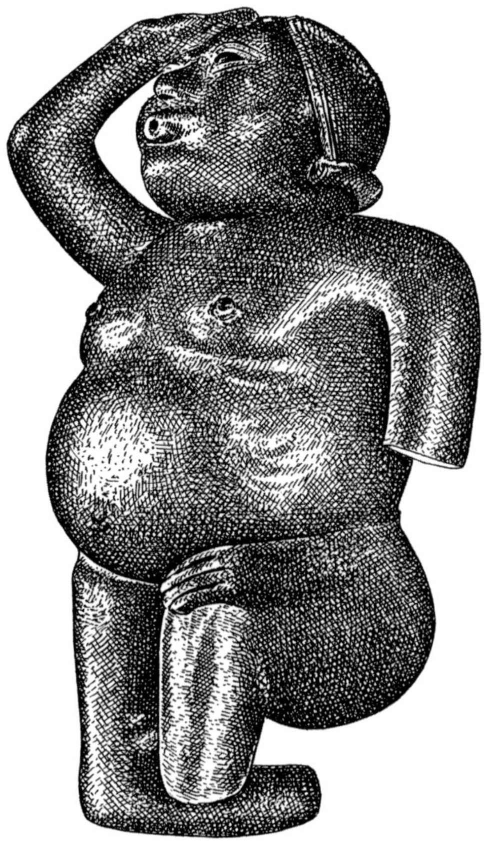

Der Püsterich. ►

Die Falkenburg am Kyffhäuser

Die Reste der einstigen Falkenburg befinden sich auf einem Bergsporn südlich des Ortes Steinthaleben, genau über der Barbarossahöhle am Kyffhäuser. Die Burg hatte um 1360 der Ritter Heinrich erbaut, der der nahe gelegenen Rothenburg entstammte, auf welcher sein Vater und auch seine Vorfahren ritterliche Burgmannen der Grafen von Beichlingen gewesen waren. Dieses Rittergeschlecht trug den Namen Lupin. Nachdem Heinrich Lupin seine Burg vollendet und bezogen hatte, nannte er sich fortan Heinrich von Falkenburg. Er lebte ungefähr 43 Jahre auf seiner Veste. Noch vor dem Jahre 1403 wohnte er im Nachbarort Bendeleben. Von hier aus soll er irgendwann nach Bayern umgesiedelt sein. Dort ist der seltene Name Lupin noch erhalten geblieben. Möglicherweise stammen Vorfahren Heinrichs aus dem slawischen Ort Lupin, der heute Lübben heißt und im Spreewald liegt. Nach mündlicher Überlieferung soll Ritter Heinrich von Falkenburg

Rest des Bergfriedes der Falkenburg.

Wegelagerei betrieben und Reisende, die mit ihren Handelstransporten auf der alten Heerstraße entlang kamen, ausgeraubt und auf seine Burg verschleppt haben, um für ihre Freilassung Lösegeld zu erpressen. Aus diesem Grunde soll die Falkenburg als Raubnest erstürmt und zerstört worden sein. 1373 kam die Rothenburg in den Besitz der Thüringer Landgrafen. Möglicherweise hat Landgraf Balthasar (1381–1406), der rigoros gegen das Raubrittertum vorging, die Falkenburg erobert und zerstört. Ein berühmter Vorfahre Ritter Heinrichs war der bekannte Minnesänger Christian Lupin; er lebte wie sein Vater auf der Rothenburg. Hier verliebte er sich in Sophie, die hübsche Tochter seines Herrn Friedrich von Beichlingen, dem die Burg gehörte. Er sang der Geliebten seine Liebesverse vor. Als der Herr von Beichlingen hinter diese Liebschaft kam, verließ der Minnesänger schweren Herzens die Rothenburg und ging nach Sangerhausen, wo er ritterlicher Burgmann wurde. Die zerstörte Falkenburg wurde nicht wieder aufgebaut. Die gesamte Burganlage war nicht sehr groß. Ein heute noch sichtbarer, tiefer Wallgraben, der sich auf der Ost-, Nord- und Westseite erstreckt, umgab sie. Die Südseite des Berges fällt steil in die Tiefe ab und war so vor Angreifern geschützt. Der Zugang zur Burg lag auf der östlichen Seite. Direkt hinter dem Wallgraben befindet sich das tiefe Loch eines ehemaligen Steinbruchs, der vermutlich beim Bau der Burg entstanden war. Das gesamte Burgplateau ist sehr zerklüftet. Zahlreiche Grundmauerreste sind von Gestrüpp und einer dicken Grasnarbe überdeckt. Einige Vertiefungen deuten auf eingestürzte Kellergewölbe hin. Ein starker Mauerrest des einstigen Burgturmes von bis zu 2,50 m Höhe und über 4 m Länge ist von der einstigen Ritterburg erhalten geblieben. Der Bergfried stand auf dem höchsten Punkt des Burggeländes. Das weiße Gipsgestein des Ruinenteils leuchtet weithin in der Sonne. Auf der westlichen Seite des Burggeländes ragt ein massiver Kalksteinfels mit einer tiefen Spalte in die Höhe. Probeschachtungen wurden auf dem Burgplateau durchgeführt, um nähere Erkenntnisse über die einstige Burganlage zu gewinnen. Im Sommer ist der gesamte obere Teil des Burgberges mit zahllosen rosa blühenden wilden Malven bedeckt.

Die Barbarossahöhle

Die Barbarossahöhle wurde am 23. Dezember des Jahres 1865 von Bergleuten bei der Suche nach Kupferschiefer entdeckt. Die Männer trieben unterhalb der Ruine Falkenburg einen 178 m langen Stollen in den Berg, wo sie unerwartet auf eine Höhle stießen. Diese wurde schnell zur Attraktion und unmittelbar nach ihrer Entdeckung für den Tourismus zugänglich gemacht. Gar bald ging sie in den Sagenschatz des Kyffhäusergebirges ein: Endlich hatte man die Höhle „gefunden", in welcher Kaiser Barbarossa schläft und auf seine Wiederkehr wartet. Die Höhle hat eine Länge von etwa 800 m und zieht sich auch unter dem Berg der Falkenburg entlang. Im sehr kalkhaltigen Wasser mehrerer glasklarer Seen spiegelt sich die Höhlendecke wider, wodurch dem Betrachter eine geringere Wassertiefe vorgegaukelt wird. An der Decke der in mehreren Windungen verlaufenden Höhle hängen an einigen Stellen eigenartige Gipsgebilde herab. Sie ähneln grauen Scheuerlappen oder Tierfellen. Diese Höhle ist nicht durch Bergbau entstanden, sondern durch Ausspülung in grauer Vorzeit. Tausende Besucher besichtigen alljährlich die einzigartige Barbarossahöhle.

Im Innern der Barbarossahöhle.

Die Burg Kelbra

Der Ort Kelbra wurde 1093 als „de Kelveras“ erstmals erwähnt, die Burg aber erst im Jahre 1287. Zu den Burgen auf und um den Kyffhäuser gehört auch die einstige Burg von Kelbra. Sie lag am Nordrand des Kyffhäusermassivs in der Helmeniederung der Goldenen Aue, unterhalb der Rothenburg, und wurde in einem Reichsgutbezirk errichtet. Ursprünglich gehörte die Burganlage den Grafen von Rothenburg, die auch die vorüberführende Straße von Nordhausen nach Tilleda kontrollierten. Bei der Befestigung der Stadt Kelbra mit Mauern, Gräben und Wällen wurde die Burg mit in die Befestigungsanlagen eingebunden. 1223 gelangte die Burg an die Grafen von Beichlingen, die ihren Stammsitz auf der Burg Beichlingen südöstlich des Kyffhäusergebirges hatten. 1251 stiftete Graf Friedrich III. von Beichlingen ein Zisterzienser-Nonnenkloster.
Die in der Mitte des 12. Jahrhunderts angelegte Stadt wurde 1271 als civitas und 1287 als oppidum genannt. Im Jahre 1348 kam Kelbra an die Grafen von Hohnstein, die es 1412/17 unter markmeißnischer Lehnsherrschaft an die Grafen von Schwarzburg und Stolberg vertauschten. Die Oberhoheit ging 1815 von Kursachsen an Preußen über. Im Bauernkrieg 1525 wurde das Nonnenkloster von aufständischen Bauern besetzt und ausgeplündert. Von der Burganlage sind nur Reste erhalten geblieben. Der größte Teil ist der quadratische Bergfried mit den Seitenlängen von 7 m und einer Mauerstärke von etwa 1,75 m. Auf der West- und Nordseite sind noch Mauerreste des einstigen Palas vorhanden. Auch die Reste des Burggrabens auf der Nordseite sind noch sichtbar. Die gesamte Burganlage, die alte Stadtmauer, das einstige Kloster und andere erhalten gebliebene Bauwerke des späten Mittelalters wurden aus dem grobkörnigen, nicht sehr witterungsbeständigen roten Sandstein des Kyffhäusergebirges errichtet. Der erhalten gebliebene Bergfried hat heute nicht mehr seine ursprüngliche Höhe.

Bergfried der Burg Kelbra, erbaut aus dem roten, grobkörnigen Sandstein des Kyffhäusergebirges. ▶

H.Baumgart

Der Hausmannsturm hoch über Bad Frankenhausen

Die Stadt Bad Frankenhausen ging einst aus einer fränkischen Siedlung hervor, die nahe der hier aus dem Kalkgestein zutage tretenden Salzquellen entstand. Seit 998, zur Zeit Kaiser Ottos III. ist die Nutzung der Salzquellen überliefert und auch das Vorhandensein einer Burg Frankenhausen, die zum Schutze und zur Überwachung der wichtigen Salzquellen errichtet wurde. Die kleine romanische Befestigungsanlage ist eine Palas-Bergfried-Burg. Sie erhebt sich hoch über der Stadt Bad Frankenhausen auf einem aus dem Berg heraustretenden Kalkfelsen. Im Laufe der Jahrhunderte hatte die Burganlage verschiedene Bezeichnungen: 998 wurde die Burg Frankenhausen genannt, später Frankenhaus und Frankenburg. Nachdem 1215 unterhalb des Berges in der neu entstandenen Unterstadt von den Grafen von Beichlingen eine neue, größere Burganlage errichtet worden war, in der sie und später ihre Nachfolger, die Grafen von Schwarzburg, ihren Sitz nahmen, benannte man die alte Frankenburg im Jahre 1356 als das Oberhaus, 1381 als Oberburg und 1592 als die Alte Burg. Die im Jahre 1215 entstandene Unterburg, auch als Stadtburg bezeichnet, wurde 1570 abgerissen, und an gleicher Stelle ein Schloss errichtet, das aber 1689 ein Raub der Flammen wurde. Nach dem Brand entstand es wieder neu. Seit dem 11. Jahrhundert ging der Ort Frankenhausen als Reichsgut an die Grafen von Weimar-Orlamünde und ab dem 12. Jahrhundert an die Grafen von Rothenburg. Nach deren Aussterben im Jahre 1210 kam Frankenhausen an den Grafen Friedrich III. von Beichlingen, der die Tochter des letzten Grafen von Rothenburg zur Frau hatte. 1339/40 kam Frankenhausen für die Summe von 6.500 Mark lötigen Silbers an die Grafen von Schwarzburg, die ihre Territorien nach Nordthüringen erweitern wollten. Der Thüringer Landgraf war mit dem Gebietszuwachs der Schwarzburger nicht einverstanden, konnte aber den Kauf und damit den Verbleib des Besitzes bei den Schwarzburgern nicht verhindern. Um 1700 wurde die inzwischen marode gewordene alte Frankenburg der Stadt Frankenhausen übereignet. Die Stadtväter ließen die Burg unter viel Mühe und Aufwand wieder herrichten und setzten einen Hausmann hinein, der die Aufgabe hatte, die Salzanlagen und die Stadt zu beobachten. Er musste auch jede volle Stunde den Zughammer einer Glocke ziehen, damit die Bewohner der Stadt hören konnten, welche Stunde es geschlagen hatte. Seit dieser Zeit bekam die alte Frankenburg den Namen Hausmannsturm. Im Jahre 1859

Die alte Frankenburg – Oberburg und seit dem 19. Jahrhundert Hausmannsturm. ▸

stürzte der hohe runde Bergfried bis zur Giebelhöhe des Palas ein. Heute ist der Hausmannsturm wieder in gutem Zustand und eine Zierde für Frankenhausen. Seit 1982 bemühen sich die Mitglieder des MSC Frankenhausen in Eigenleistung um den Erhalt der alten Burganlage. Das Mauerwerk des Palas wurde Saniert und das Dach neu eingedeckt. Der untere Teil des eingestürzten Turmes bekommt am oberen Rand einen glatten Abschluss. Der runde Bergfried ist mit in die nördliche Giebelwand des Palas eingebunden. Er hat eine Mauerstärke von etwa 3,5 m und einen Durchmesser von etwa 9 m. Der Palas ist keine 20 m lang und keine 10 m breit und hat eine Mauerstärke von etwa 2 m. Der im Bogen aus dem Kalkfels gehauene tiefe Burggraben ist noch gut sichtbar. Er trennt dadurch den Burgfelsen vom Berg. Der Zugang zur Burg liegt auf der südlichen Seite und konnte in alter Zeit nur über eine Zugbrücke über den tiefen Graben erreicht werden. Die Burganlage war fest in die einstige Stadtmauer integriert, was man noch sehen kann. Die einst großen und sehr einträglichen Salzanlagen, die von sieben Salzquellen gespeist wurden, sind heute verschwunden. Die Sole wurde über Gradierwerke gelassen um den Salzgehalt anzureichern bevor sie in großen Siedepfannen zu Salz gesotten wurden. Das gewonnene Salz brachte Jahrhunderte lang den jeweiligen Adelsherren und der Stadt reiche Einkünfte. In der Zeit um 1860 wurden jährlich 55.000 Ztr. Salz hergestellt. Unmengen an Holz wurden dabei unter den Siedepfannen verheizt.

◂ *Der Hausmannsturm um 1800.*

Die Reichsinsignien des Heiligen Römischen Reiches Deutscher Nation

Die Krönung Ottos I. am 2. Februar 962 zum Kaiser war die Geburtsstunde des Heiligen Römischen Reiches Deutscher Nation. Zu seiner Krönung, so die Vermutung, soll die Reichskrone angefertigt worden sein. Zu den Reichsinsignien gehören Krone, Reichsapfel, Zepter, Schwert mit Wehrgehänge, Weihrauchwedel, Kreuz, Evangelienbuch, Armspangen, Mantel, Wappenrock, Kniestiefel, Heilige Lanze sowie der Krönungsschmuck der Gemahlin Kaiser Konrads II. (1024–1039), der sogenannte Giselaschmuck mit Ohrgehänge und Adlerfibel usw. Die ältesten Teile der Reichsinsignien stammen aus dem 10. Jahrhundert. Die Reichsinsignien wurden einst in Aachen und Nürnberg verwahrt. Durch Kaiser Sigismund kamen sie 1424 nach Nürnberg, wo sie bis zur Abdankung des letzten Kaisers des Heiligen Römischen Reiches Deutscher Nation, Franz II./I., 1806 verblieben. Am 18. Mai 1804, als Napoleon zum erblichen Kaiser der Franzosen ausgerufen wurde, nahm Franz II., Kaiser des Heiligen Römischen Reiches Deutscher Nation, zusätzlich den Titel erblicher Kaiser von Österreich an. Am 11. August 1804 gründete er das Kaisertum Österreich und nannte sich Kaiser von Österreich Franz I. Verrat an Kaiser und Reich begingen um eigener Vorteile willen 16 deutsche Reichsfürsten durch ihren Beitritt zum Rheinbund am 12. Juli 1806. Napoleon belohnte die Abtrünnigen mit höheren Ämtern und Titeln sowie Erweiterung ihrer Territorien auf Kosten des Reiches.

Am 1. August 1806 meldeten die Reichsfürsten dem Reichstag in Regensburg ihren Austritt aus dem Reichsverband an. Zur gleichen Zeit ließ Napoleon mitteilen, dass er die Reichsverfassung nicht mehr anerkenne. Die 16 deutschen Reichsfürsten, die am 12. Juli 1806 die Rheinbundakte unterzeichneten, waren:

der König von Bayern,
der König von Württemberg,
der Kurfürst und Erzbischof von Mainz, Erzkanzler des Reiches,
der Großherzog von Baden,
der Herzog von Arenberg,
der Herzog von Kleve und Berg,
der Landgraf von Hessen-Darmstadt,
der Fürst von Hohenzollern-Hechingen,
der Fürst von Hohenzollern-Sigmaringen,
der Fürst von Isenburg-Birstein,

TEILE DER REICHSINSIGNIEN

Ohrgehänge vom Giselaschmuck

Adlerfiebel vom Gieselaschmuck

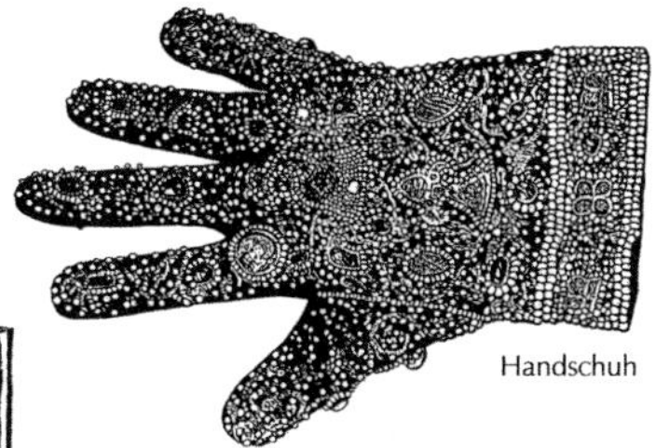

Handschuh

Reichskreuz

Reichskrone

Reichsapfel

Reichsschwert

Heilige Lanze

Zeremonienschwert Kaiser Friedrichs II.

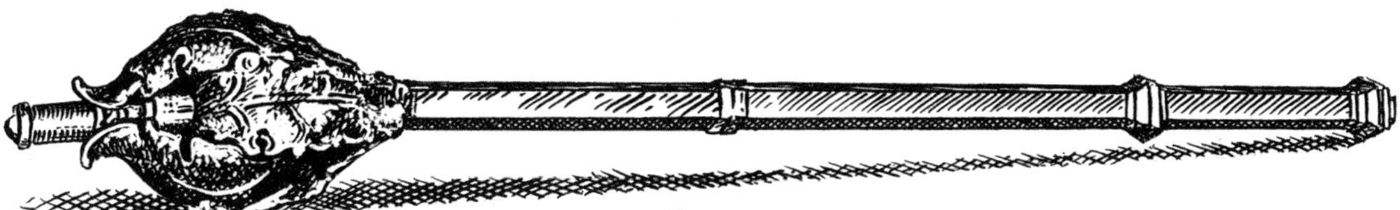

Zepter

der Fürst von Liechtenstein,
der Fürst von der Leyen,
der Fürst von Nassau-Usingen,
der Fürst von Nassau-Weilburg,
der Fürst von Salm-Kyburg,
der Fürst von Salm-Salm.

Dem Rheinbund traten nach und nach alle deutschen Einzelstaaten bei, außer den Großmächten innerhalb des Reiches Preußen, Österreichs sowie Dänisch-Holstein und Schwedisch-Pommern. Durch die Lossagung vom Reich führten die Fürsten das Ende des fast 850 Jahre bestehenden Heiligen Römischen Reiches Deutscher Nation herbei. Kaiser Franz II./I. sah sich nicht mehr in der Lage, die Auflösung des Reiches aufzuhalten und trat als letzter Kaiser des Heiligen Römischen Reiches Deutscher Nation ab. Am 6. August 1806 ließ Franz durch den Herold des Reiches in Wien seine Abdankung bekannt geben und das Reich als aufgelöst erklären. Um die Reichsinsignien vor dem Zugriff Napoleons zu schützen, ließ er sie in die Schatzkammer der Wiener Hofburg bringen, wo sie sich noch heute befinden. Das alte deutsche Reichswappen mit dem schwarzen doppelköpfigen Adler auf goldenem Grund wurde zum Wappen des österreichischen Kaiserreiches.

Otto I. der Große, erster Kaiser des Heiligen Römischen Reiches Deutscher Nation.

Kaiser Franz II., letzter Kaiser des Heiligen Römischen Reiches Deutscher Nation.

Könige und Kaiser von Heinrich I. bis Karl V.

Regent	Regentschaft	Wahl zum König	Krönung zum König	Krönung zum Kaiser
Karl der Große	768–814	768	768	800
Ab 774 war Karl der Große auch König des Langobardenreiches.				
Heinrich I.	919–936		919	
Nach der Wahl Heinrichs I. zum König wählten die bayerischen Feudalherren im Gegenzug ihren Herzog Arnulf zum König. Aufgrund besonderer Zugeständnisse, die König Heinrich I. nach zwei Jahren König Arnulf machte, verzichtete dieser auf seinen Königstitel.				
Otto I. der Große	936–973		936	962
Otto II.	961–983		961	967
Otto II. wurde von Otto I. schon 967 zum Mitkaiser erhoben				
Otto III.	983–1002		983	996
Heinrich II.	1002–1024		1002	1014
Konrad II.	1024–1039		1024	1027
Heinrich III.	1039–1056		1039	1046
Heinrich IV.	1056–1106		1056	1084
Auf einem Fürstentag am 13. März 1077 in Forchheim erklärten die anwesenden Fürsten König Heinrich IV. für abgesetzt und wählten Rudolf von Rheinfelden, Herzog von Schwaben, zum Gegenkönig. Heinrich verteidigte sein Königtum jedoch mit dem Schwert. 1080 starb Rudolf.				
Rudolf von Schwaben	1077–1080		1077	
Heinrich V.	1106–1125	1098	1106	1111
Lothar III.	1125–1137		1125	1133

Regent	Regentschaft	Wahl zum König	Krönung zum König	Krönung zum Kaiser
Konrad III.	1138–1152		1138	
Friedrich I., Barbarossa	1152–1190		1152	1155
Heinrich VI.	1190–1197/98		1169	1191
Heinrich VI., Barbarossas Sohn, wurde schon in seinem vierten Lebensjahr (1169) zu Barbarossas Mitkönig ernannt.				
Philipp von Schwaben	1198–1208		1198	
Otto IV	1198–1212		1198	
Friedrich II.	1212–1250		1212	1220
Heinrich	1220			
Friedrich II. wurde 1245 von Papst Innocenz IV. als Kaiser abgesetzt.				
Konrad IV.	1237–1254		1237	
In Deutschland wurden zwei Gegenkönige gewählt:				
Heinrich Raspe IV.	1246–1247		1246	
Wilhelm II. von Holland	1247–1256	1247	1247	
Beginn des Interregnums. Dauer bis 1273. 1257 Doppelwahl zweier Herrscher: der spanische König Alfons von Kastilien und der englische Graf Richard von Cornwall. Beide übten jedoch keine Macht in Deutschland aus. Der Thron war praktisch unbesetzt.				
Rudolf I. von Habsburg	1273–1291	1273	1273	
Adolf von Nassau	1291–1298		1291	
König Adolf, Graf von Nassau, wurde von den Kurfürsten 1298 abgesetzt. Diese Amtsenthebung war die erste in der deutschen Geschichte.				

<table>
<tr><th>Regent</th><th>Regentschaft</th><th>Wahl zum König</th><th>Krönung zum König</th><th>Krönung zum Kaiser</th></tr>
<tr><td>Albrecht I. von Habsburg</td><td>1298–1308</td><td>1298</td><td>1298</td><td></td></tr>
<tr><td>Heinrich VII. von Luxemburg</td><td>1308–1313</td><td>1308</td><td>1309</td><td>1312</td></tr>
<tr><td colspan="5">1314 wurden in einer Doppelwahl zwei Könige bestimmt: Friedrich der Schöne von Österreich und Ludwig IV. von Bayern. Bei militärischen Auseinandersetzungen beider Könige kam es in der Schlacht bei Mühldorf 1322 zum Sieg von Ludwig IV. 1328 wurde er zum Kaiser gekrönt. Friedrich der Schöne wurde bis zu seinem Tode an der Regierung beteiligt.</td></tr>
<tr><td>Friedrich der Schöne</td><td>1314–1330</td><td>1314</td><td>1314</td><td></td></tr>
<tr><td>Ludwig IV. von Bayern</td><td>1314–1346</td><td>1314</td><td>1314</td><td>1328</td></tr>
<tr><td>Karl IV.</td><td>1346–1378</td><td></td><td>1346</td><td>1355</td></tr>
<tr><td colspan="5">Am 11. Juli 1346 wurde Karl IV. zum deutschen König gewählt. Edward II. von England wurde 1348 zum König gewählt, ohne ihn zu fragen. Karl IV. gelang es, Edward zum Verzicht auf die Krone zu bewegen. Eine Gegenpartei unter Führung der Wittelsbacher erhob den thüringischen Grafen Günther von Schwarzburg-Blankenburg (1304–1349) am 30. Januar 1349 zum Gegenkönig. König Karl IV. bot seinem Gegner Günther eine größere Summe Geld, wenn er als Gegenkönig zurücktreten würde. Da dieser zu der Zeit schon schwer erkrankt war, nahm er das Angebot an. Kurz darauf, am 14. Juni 1349 verstarb Günther von Schwarzburg-Blankenburg. Einige Chronisten schreiben, er sei bei einem Essen vergiftet worden. Kaiser Karl IV. zahlte den Kurfürsten große Summen, damit sie seinen Sohn Wenzel zum König wählten.</td></tr>
<tr><td>Edward II. von England</td><td></td><td>1348</td><td></td><td></td></tr>
<tr><td>Wenzel IV.</td><td>1376–1400</td><td></td><td>1376</td><td></td></tr>
<tr><td colspan="5">Wegen mangelnder Reichsgewalt wurde Wenzel als „unnützer König“ am 20. August 1400 durch die rheinischen Kurfürsten abgewählt und einen Tag später Pfalzgraf Ruprecht zum König gewählt.</td></tr>
</table>

<table>
<tr><th>Regent</th><th>Regentschaft</th><th>Wahl zum König</th><th>Krönung zum König</th><th>Krönung zum Kaiser</th></tr>
<tr><td>Pfalzgraf Ruprecht</td><td>1400–1410</td><td>1400</td><td></td><td></td></tr>
<tr><td colspan="5">Nach dem Tode Ruprechts gab es kurzzeitig drei Könige: Wenzel, Sigismund und Jobst. 1411 starb Jobst.</td></tr>
<tr><td>Sigismund</td><td>1410–1437</td><td></td><td>1410</td><td>1433</td></tr>
<tr><td>Albrecht II. von Habsburg</td><td>1438–1439</td><td>1438</td><td></td><td></td></tr>
<tr><td colspan="5">Albrecht II. wurde 1438 zum König gewählt, aber nicht gekrönt.</td></tr>
<tr><td>Friedrich III. von Habsburg</td><td>1440–1493</td><td>1440</td><td>1442</td><td>1452</td></tr>
<tr><td colspan="5">Die Krönung Friedrichs III. war die letzte Kaiserkrönung in Rom.</td></tr>
<tr><td>Maximilian I.</td><td>1486–1519</td><td>1486</td><td>1486</td><td>1508</td></tr>
<tr><td>Karl V.</td><td>1519–1556</td><td>1519</td><td>1520</td><td>1530</td></tr>
<tr><td colspan="5">Die großen Herrschergeschlechter des Heiligen Römischen Reiches Deutscher Nation waren Ottonen, Salier, Staufer, Habsburger. Als Albrecht II. von Habsburg 1438 an die Macht kam, stellten ab da die Habsburger bis zum Ende des Heiligen Römischen Reiches Deutscher Nation im Jahre 1806, außer einer kurzen Unterbrechung von 1742–1745, als der Wittelsbacher Karl VII. die Krone trug, alle Könige und Kaiser des Reiches.</td></tr>
</table>

◂ *Wappen der Deutschen Kaiser des Heiligen Römischen Reiches Deutscher Nation.*

Wappen des Heiligen Römischen Reiches Deutscher Nation. ▸

Wappenstein von 1601.

Thale am Harz

Manfred Mittelstaedt

978-3-89702-683-4
19,99 €

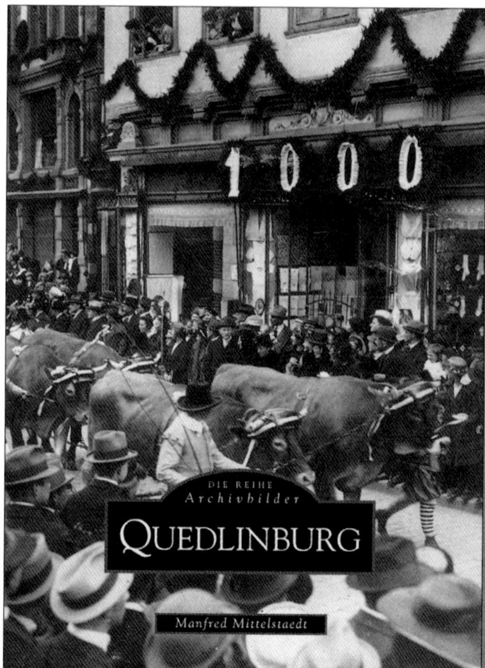

Quedlinburg

Manfred Mittelstaedt

978-3-89702-560-8
18,99 €

Buchhinweise

Wernigerode

Hermann D. Oemler

978-3-86680-096-0
18,99 €

Wernigerode
1949 bis 1989

Hermann D. Oemler

978-3-86680-552-1
18,99 €

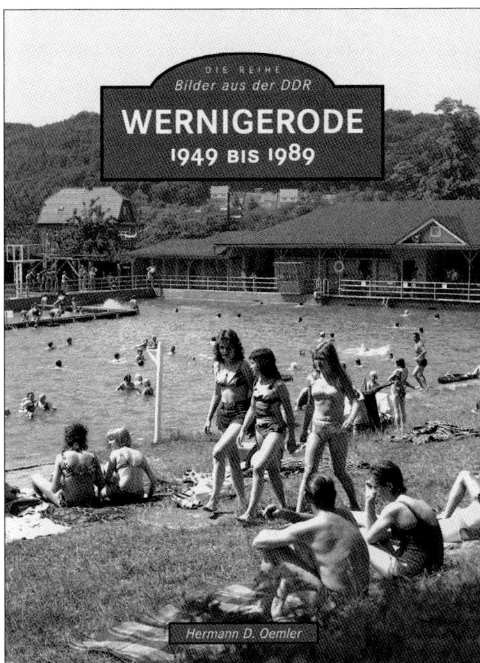

Weitere Bücher finden Sie unter:

www.suttonverlag.de

GOSLAR
1
OKER
BAD HARZ-BURG
SEESEN
2
Molkenhaus
17
CLAUSTHAL-ZELLERFELD
Brocken 1142 m
UNTERHARZ
Königskrug
BRAUNLAGE
OSTERODE
Kapellenfleck
HERZBERG
BAD LAUTERBERG
Helenenruh
Pöhlde
19
Scharzfeld
18
Walken-ried
ELLRICH
NIEDER-SACHSEN
Woffleben
21
Komödienplatz
Salza
LEGENDE
1 Kaiserpfalz Goslar
2 Die Harzburg
3 Burg Wernigerode
4 Die Heimburg
5 Burg Regenstein
6 Die Blankenburg
7 Die Quedlinburg
8 Burg Ballenstedt
9 Die Konradsburg
10 Die Heinrichsburg
11 Alter Falkenstein
12 Burg Falkenstein
13 Burg Arnstein
14 Burg Stiege
15 Die Erichsburg
16 Burg Anhalt
17 Die Staufenburg
18 Burg Scharzfels
19 Pfalz und Kloster Pöhlde
20 Burg Hohnstein
21 Die Schnabelburg
22 Burg Kelbra
23 Die Rothenburg
24 Burg Kyffhausen
25 Die Falkenburg
26 Königspfalz Tilleda
27 Der Hausmannsturm von Bad Frankenhausen
28 Burg Questenberg
29 Burg Harzgerode